九州大学ミュージアムバスプロジェクト

KYUSHU UNIVERSITY MUSEUM BUS PROJECT

九州大学総合研究博物館×西日本鉄道株式会社西鉄バス
ミュージアムバスデザイン広告プロジェクト

九州大学総合研究博物館 監修
九州大学大学院芸術工学研究院 編集

発刊に寄せて

竹田 仰
TAKEDA Takashi

九州大学総合研究博物館第 6 代館長
九州大学大学院
芸術工学研究院
教授（ヴァーチャルリアリティ）

九州大学は、1911年に、まず医学部、工学部が設置され、続いて1919年に農学部が設置されて以来、十余の学部となり2011年には百周年を迎えています。一方、国立大学博物館の設置は、1995年に文部省学術審議会において「ユニバーシティ・ミュージアムの設置について」という中間報告書が纏められたことに端を発しています。このことにより、九州大学では、2000年に総合研究博物館が誕生しました。これを機に発刊された「九州大学所蔵の標本・資料」には、「動物」、「昆虫」、「植物・海藻・生薬」、「化石」、「鉱物・岩石」、「考古遺物・古人骨・人体」、「技術史関係資料」、「記録資料」など総計750万点に及ぶ標本・資料が8部門に分類して掲載されています。

　しかしながらこれらの豊富なコレクションを一般市民の皆さんは常設展示室があるもののほとんど目にすることなく、今日までひっそりと学内の方々に格納されて来ました。これは、新キャンパス移転に伴い、博物館独自の建物も保有しておらず、ましてこれら貴重な標本・資料を適切な環境で保存・管理できる体制も不十分な状態にあるからです。館員は公開展示や様々な企画展を開催して出来るだけ皆さんの目に触れるように工夫をしています。

　その一環として、このたび西日本鉄道株式会社の協力を得てバス内の広告欄に、各分野の選りすぐりのお宝品をポスターにして、月替わりで掲載することを企画しました。そして、2012年7月より開始、翌2013年3月末まで都合8回にわたり、たった1台のバスですが広告欄全てをこれらのポスターで埋め尽くして、福岡市内を通常の通勤バスとして運行していただきました。

　博物館はモノを有するところですが、そのモノの来歴や機能、効果などを説明し始めると途端に当初の驚きが萎えて興味が失せる可能性があります。そこで、芸術工学研究院のデザイン戦略の先生や院生を交えて、見た瞬間の驚きを捉えて離さない工夫をしました。また、写真については、学術的なモノを撮ろうとする理知的な視点からではなく、艶めかしく今そこに生々しくあるような視点から撮影がなされました。

　福岡市内を走っている多くのバスの中のたった1台のバスですが、ここに27枚の渾身の思いを込めて制作したポスターが移動展示室として市内を巡回しました。偶然乗り合わせた方々はどのような気持ちで眺められたでしょうか。こちらは、もっと多くの方々にも見ていただきたいと思ったりするうちに、このことが小冊子として出版する動機となりました。

　どうか皆さまも手に取って、バスの中で岩石や植物や昆虫や考古品などが貼りめぐらされて市内を走っていたことをイメージしていただき、さらにはキャッチコピーから浮かび上がる何かを思い描きながらひと時を楽しんでいただけたらと思います。

目　次

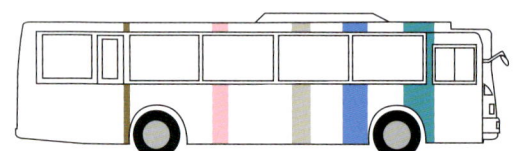

発刊に寄せて .2

イントロダクション 6

目次

鉱物標本 8
鉱物博士のヒミツ 38
コラム1 39

植物標本 40
植物博士のヒミツ 56
コラム2 57

昆虫標本 58
昆虫博士のヒミツ 88
コラム3 89

考古学資料 90
骨格博士のヒミツ 106
コラム4 107

工作機械 108
考古学博士のヒミツ 124

標本・資料情報 125
アウトロダクション 140
美しい科学 142
巻末付録 144

鉱物標本

　九州大学には大きく2つの鉱物コレクションが存在します。理学部自然科学資料室と工学部列品室のコレクションです。前者には「高壮吉鉱物標本」約1200点、「吉村豊文マンガン鉱石標本」約3100点および「岡本要八郎鉱物標本」約1200点、後者には、鉱物・岩石標本約4000点が含まれます。

　「高標本」は、工学部採鉱学科教授の高壮吉が国内、朝鮮半島、台湾、中国等で蒐集したもので、後に理学部地質学教室に譲渡されました。一方の「工学部列品室標本」は、明治44年の九州帝国大学工科大学設置の際に、本館列品室に陳列された標本の他、火災後の昭和5年の本館再建時にヨーロッパから購入した標本730点を主体に、国内標本を加えたものです。

　今回の標本約50点は、選定者（中西）が管理する「工学部列品室標本」から選んだため、産地にヨーロッパやアフリカの地名が見られます。必ずしも大型の派手な標本ではありませんが、色や形の面白さを基準に選んでみました。

No.001　孔雀石（くじゃくいし）/ Malachite

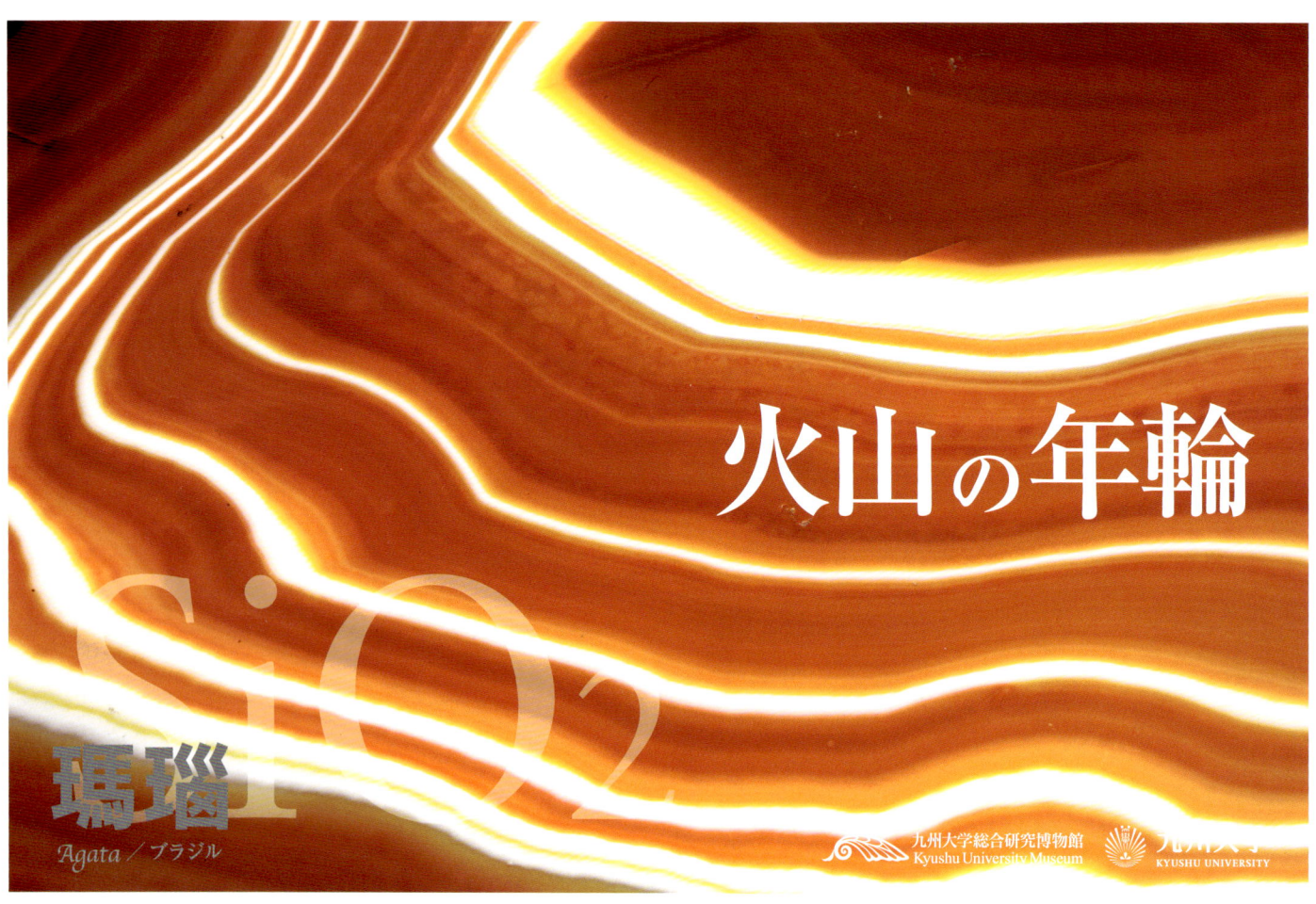

No.002　瑪瑙（めのう）/ Agate

青金石
Lapis Lazuli／チリ

フェルメールの青

$[(Na,Ca)_{7-8}(Al,Si)_{12}(O,S)_{24}[(SO_4),Cl_2,(OH)_2]]$

九州大学総合研究博物館　九州大学
Kyushu University Museum　KYUSHU UNIVERSITY

No.003　青金石（せいきんせき）/ Lapis Lazuli（Lazurite）

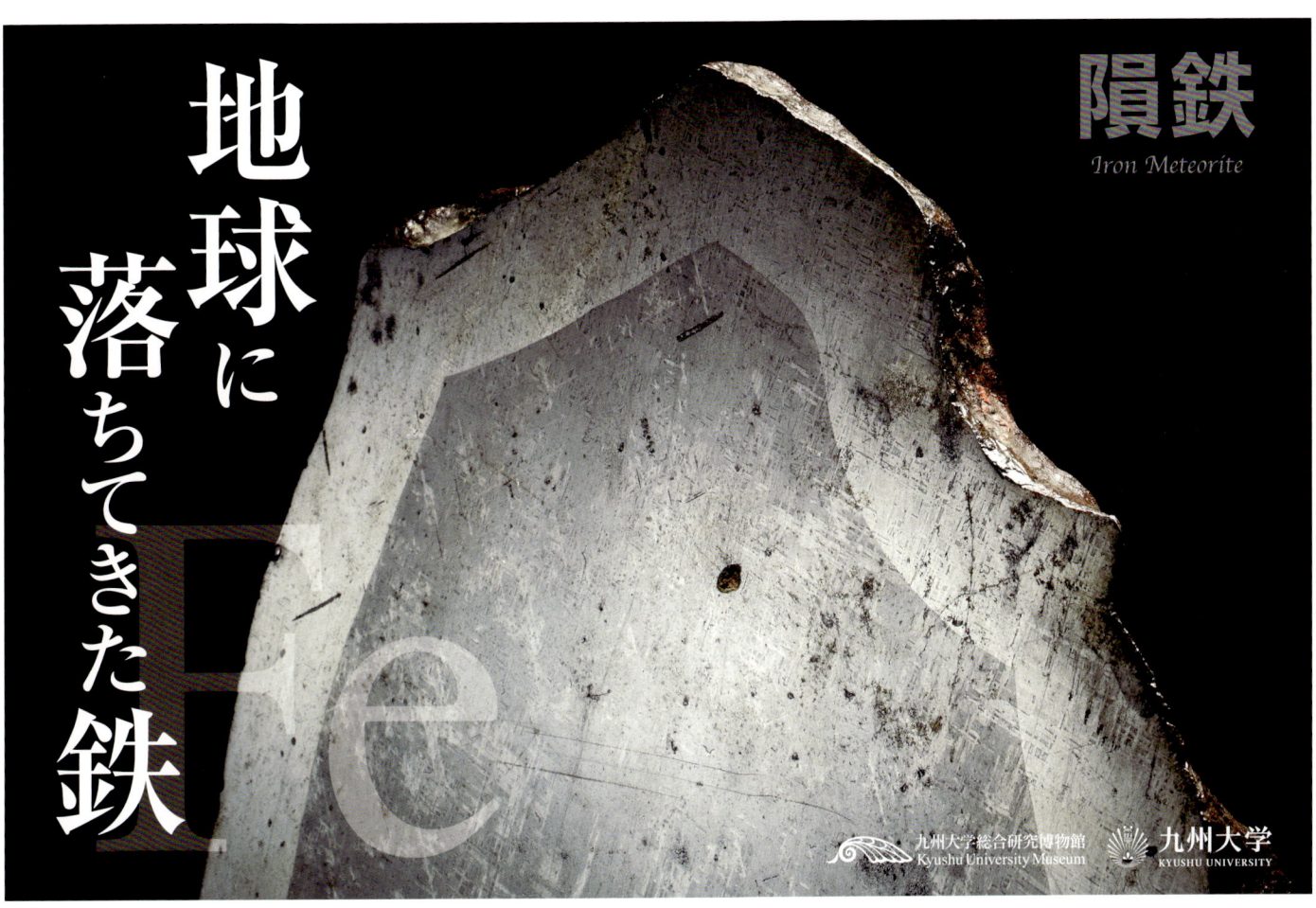

隕鉄
Iron Meteorite

地球に落ちてきた鉄

Fe

九州大学総合研究博物館　九州大学
Kyushu University Museum　KYUSHU UNIVERSITY

No.004　隕鉄（いんてつ）/ Iron meteorite

No.005　撓曲石英片岩（とうきょくせきえいへんがん）/ Itacolumite

No.006　模樹石（もじゅせき）/ Dendrite

No.007 蛍石（ほたるいし）/ Fluorite

光る石 CaF₂

No.008 蛍石（ほたるいし）/ Fluorite

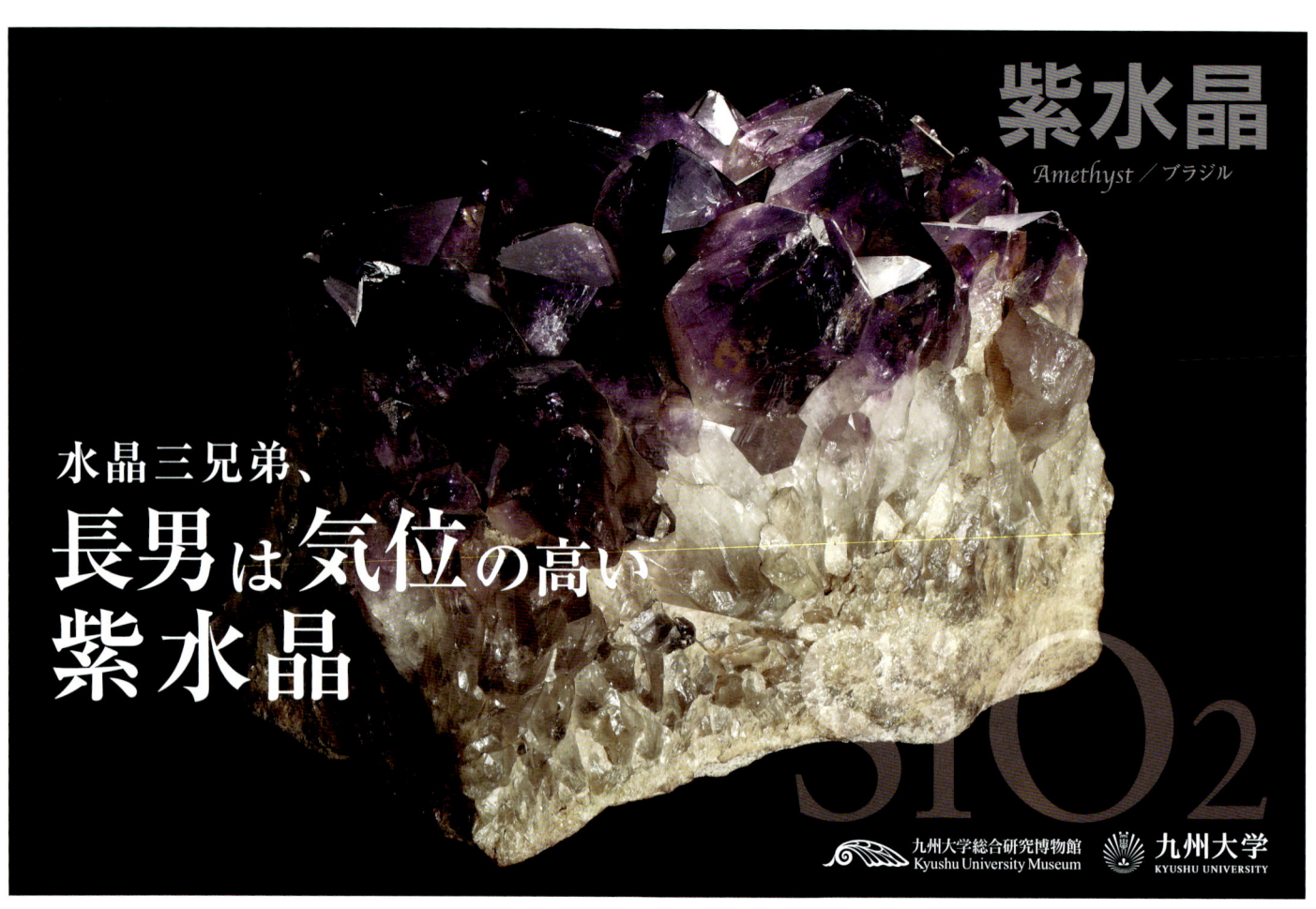

No.009　紫水晶（むらさきすいしょう）/ Amethyst

No.010　煙水晶（けむりすいしょう）/ Smoky Quartz

紅水晶
Rose Quartz／ブラジル

水晶三兄弟、
三男は人懐っこい
紅水晶

No.011　紅水晶（べにすいしょう）／ Rose Quartz

見えますか？
水晶中のルチル

金紅石
Rutile／マダガスカル

No.012　金紅石（きんこうせき）／ Rutile in Quartz

鉱物標本

緑柱石
Beryl / アフリカ

凝縮すれば、エメラルド

$Be_3Al_2Si_6O_{18}$

No.013　緑柱石（りょくちゅうせき）/ Beryl

鉱物標本

凝縮すれば、ルビー

$MgAl_2O_4$

ルビー
Ruby

No.014　ルビー / Ruby

石墨
Graphite / セイロン

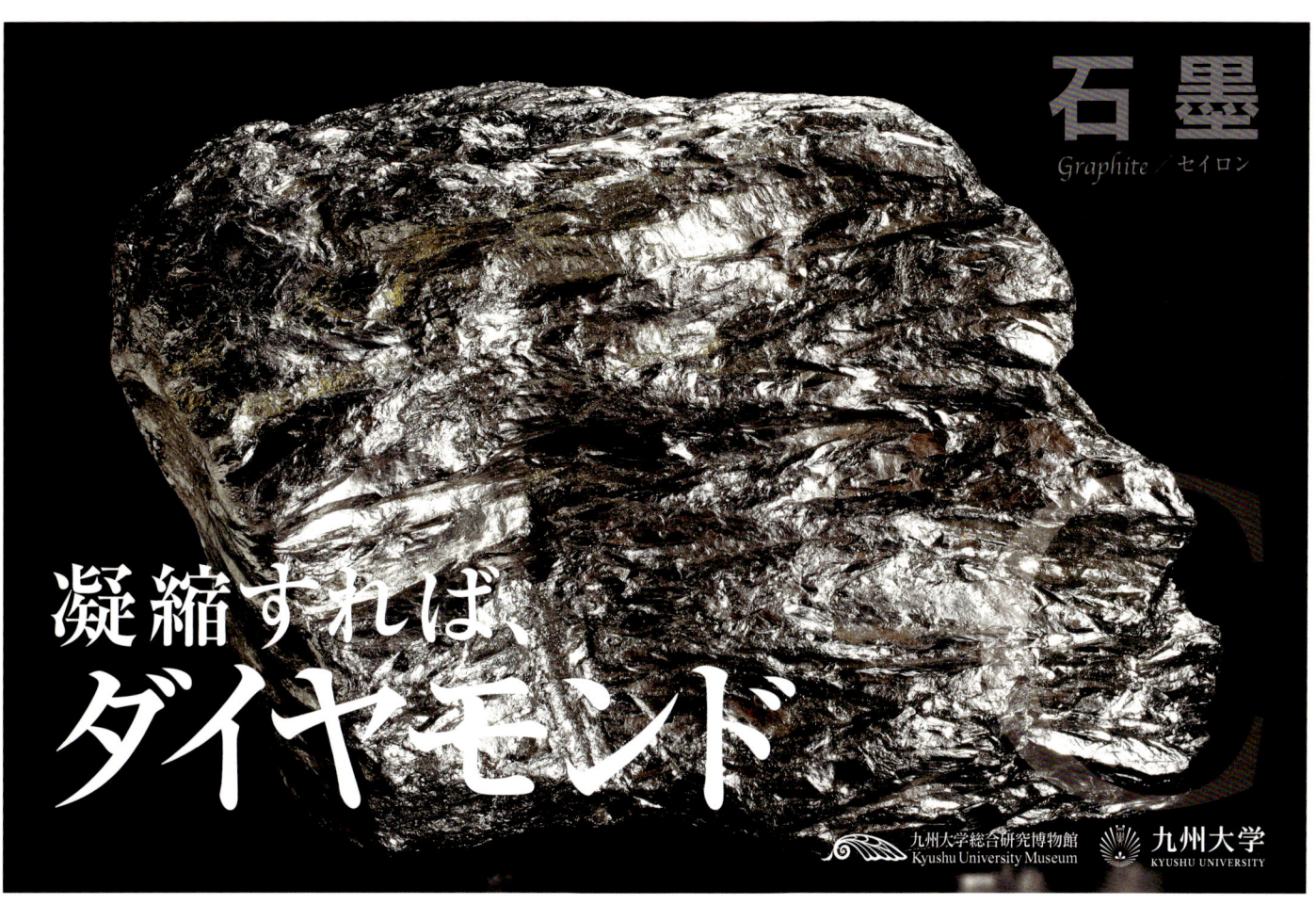

凝縮すれば、
ダイヤモンド

九州大学総合研究博物館　九州大学

No.015　石墨（せきぼく）/ Graphite

サファイア
Sapphire

原石は、
光ってない。

九州大学総合研究博物館　九州大学

No.016　サファイア / Sapphire

No.017　自然金（しぜんきん） / Native gold

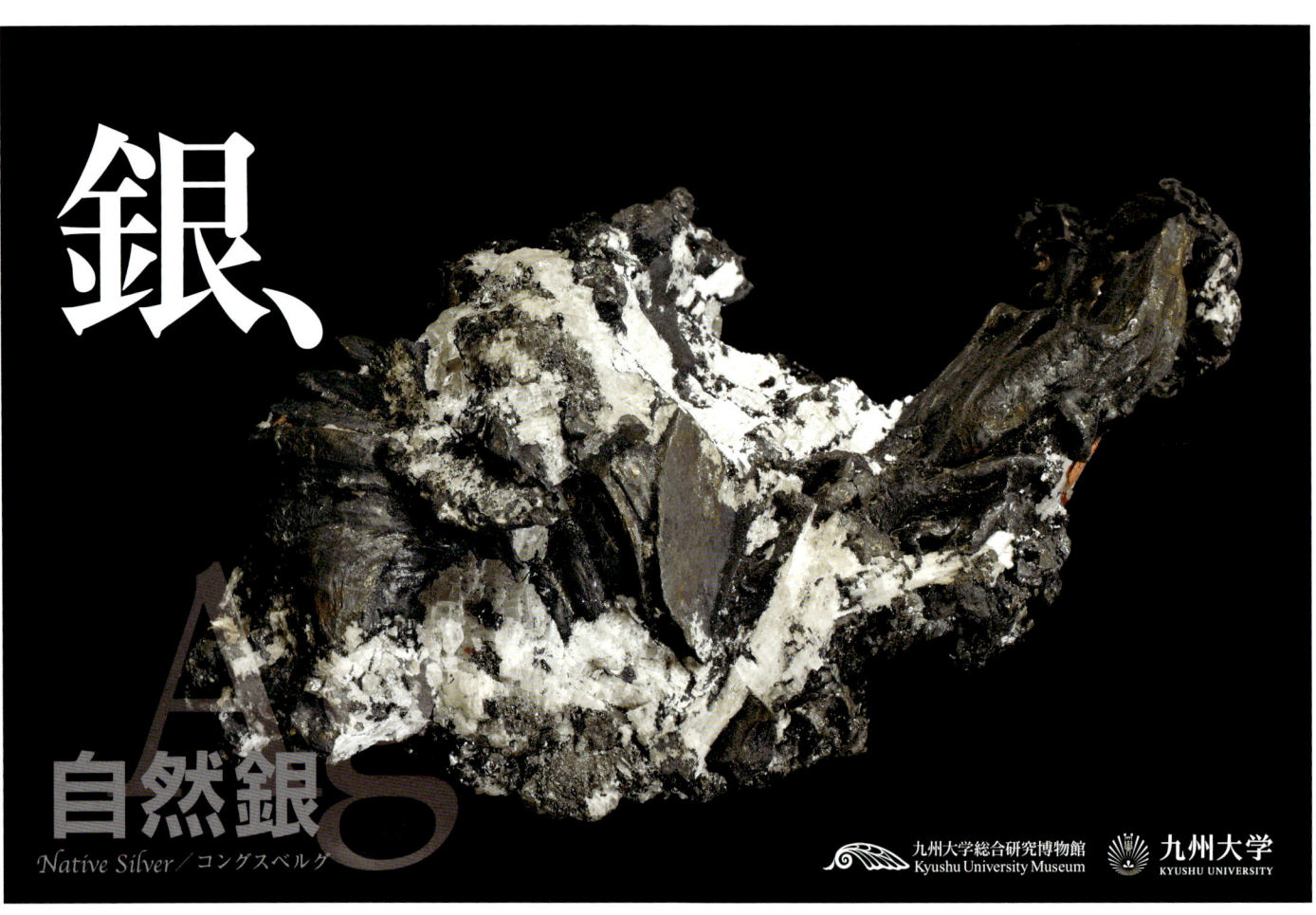

No.018　自然銀（しぜんぎん） / Native Silver

銅。

黄銅鉱
Chalcopyrite ／荒川鉱山

九州大学総合研究博物館　九州大学

No.019　黄銅鉱（おうどうこう）/ Chalcopyrite

鉱物標本

金・銀・銅が勢揃い

銅鉱石
Copper Ore ／生野鉱山

九州大学総合研究博物館　九州大学

No.020　銅鉱石（どうこうせき）/ Copper ore

金鉱石
Gold Ore ／菱刈鉱山

小判三枚分の、金

Au、SiO2

九州大学総合研究博物館　九州大学
Kyushu University Museum　KYUSHU UNIVERSITY

No.021　金鉱石（きんこうせき）/ Gold ore

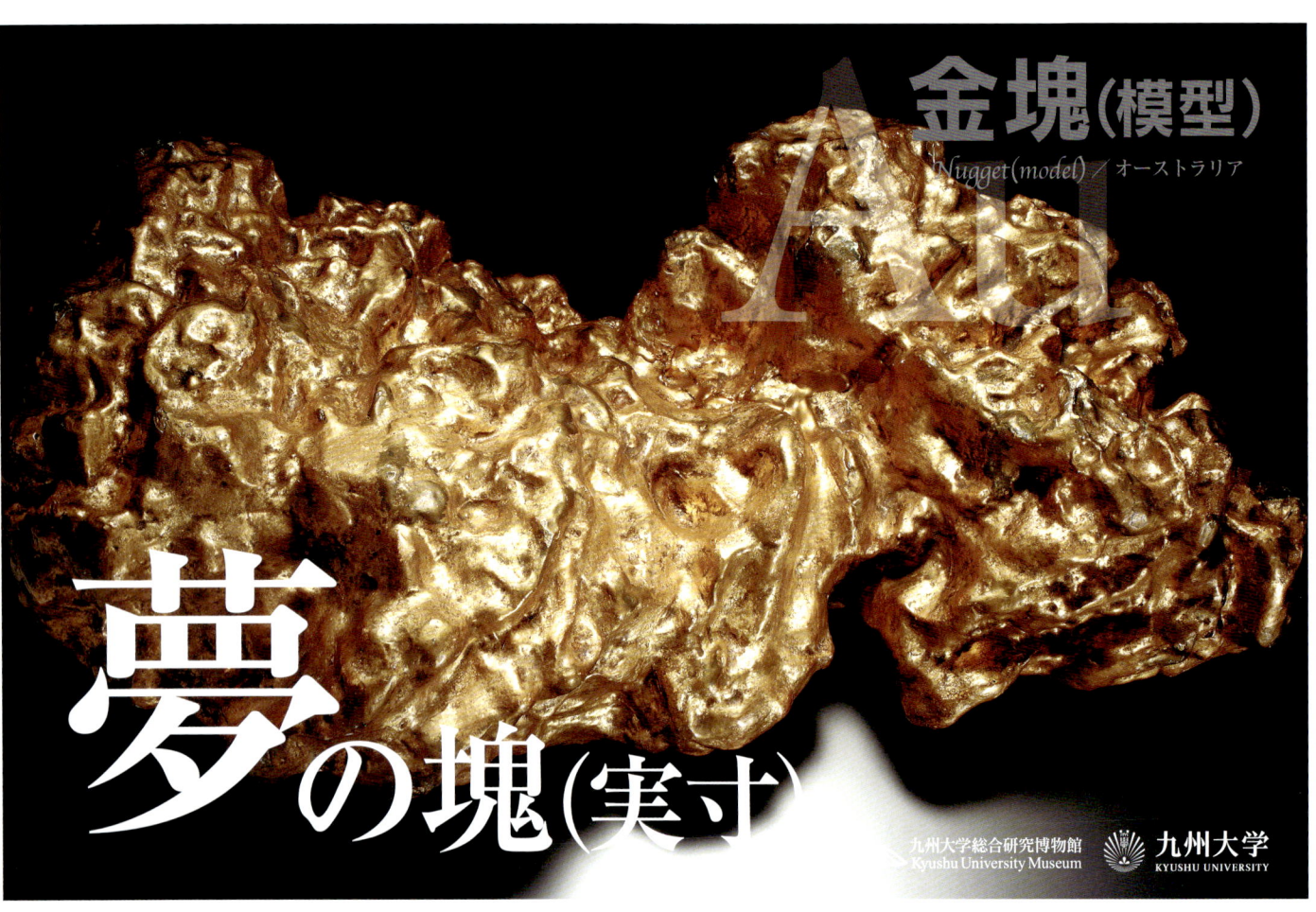

金塊（模型）
Nugget(model) ／オーストラリア

Au

夢の塊（実寸）

九州大学総合研究博物館　九州大学
Kyushu University Museum　KYUSHU UNIVERSITY

No.022　金塊（模型）（きんかい）/ Nugget(model)

自然硫黄
Native Sulfur ／シシリー島

黄色い
ダイヤモンド

九州大学総合研究博物館　九州大学
Kyushu University Museum　KYUSHU UNIVERSITY

No.023　自然硫黄（しぜんいおう）/ Native Sulfur

鉱物標本

赤鉄鉱
Hematite ／エルバ島

ブラック・ダイヤモンド

九州大学総合研究博物館　九州大学
Kyushu University Museum　KYUSHU UNIVERSITY

No.024　赤鉄鉱（せきてっこう）/ Hematite

天にかざせば空模様

方ソーダ石 Sodalite
$Na_4Al_3Si_3O_{12}Cl$

No.025　方ソーダ石（ほうソーダせき）/ Sodalite

オパール Opal

脆くきらめく、水の石

$SiO_2 \cdot nH_2O$

No.026　オパール / Opal

No.027　コバルト華（コバルトか）/ Cobalt bloom (Erithrite)

No.028　アクアマリン / Aquamarine

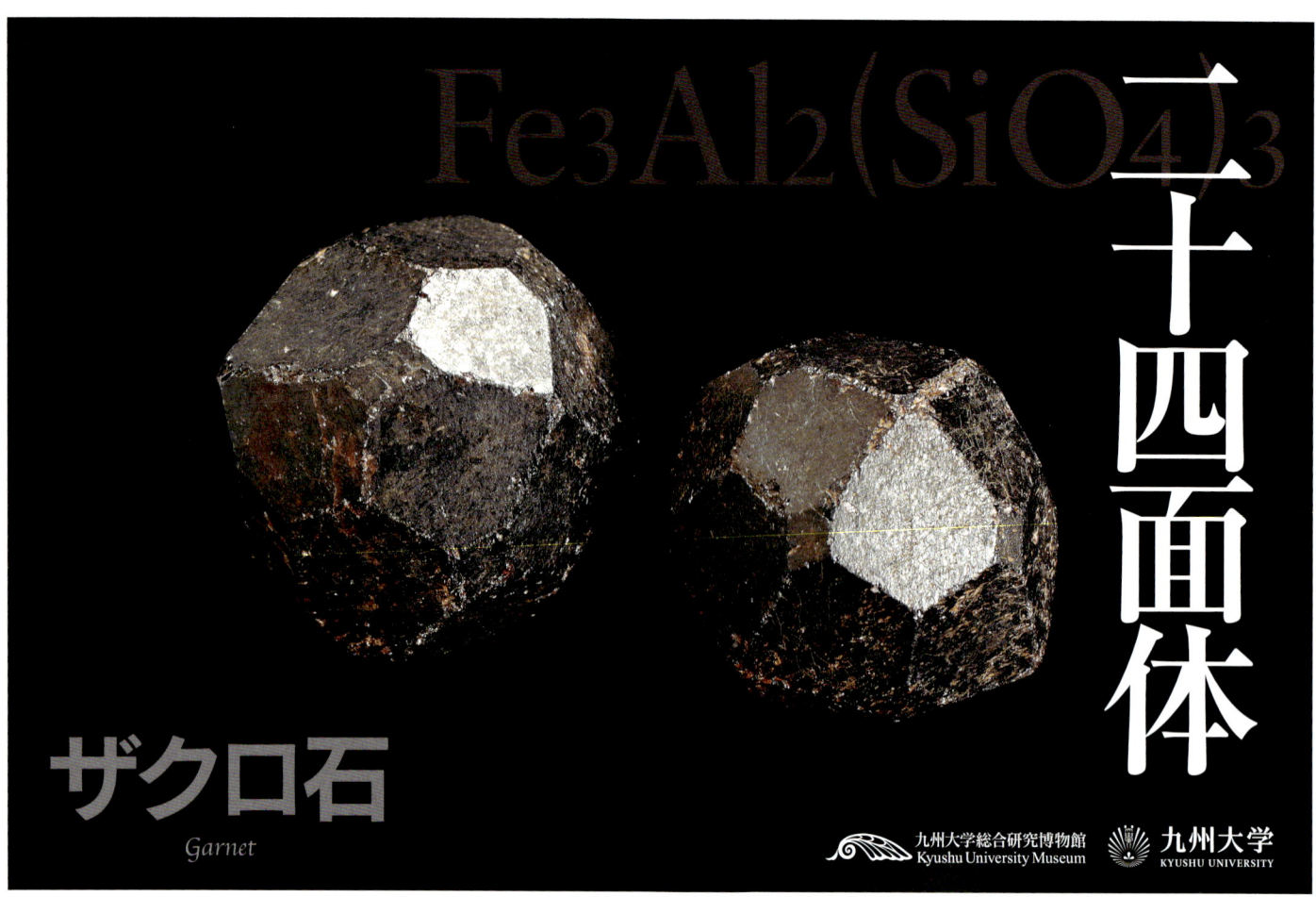

No.029　ザクロ石 / Garnet

No.030　灰クロムザクロ石（はいクロムザクロいし）/ Uvarovite

天青石
Celestine／イギリス

天使の石

$SrSO_4$

九州大学総合研究博物館　九州大学
Kyushu University Museum　KYUSHU UNIVERSITY

No.031　天青石（てんせいせき）／ Celestine

天青石
Celestine／イギリス

天使の石

九州大学総合研究博物館　九州大学
Kyushu University Museum　KYUSHU UNIVERSITY

No.032　天青石（てんせいせき）／ Celestine

鉱物標本

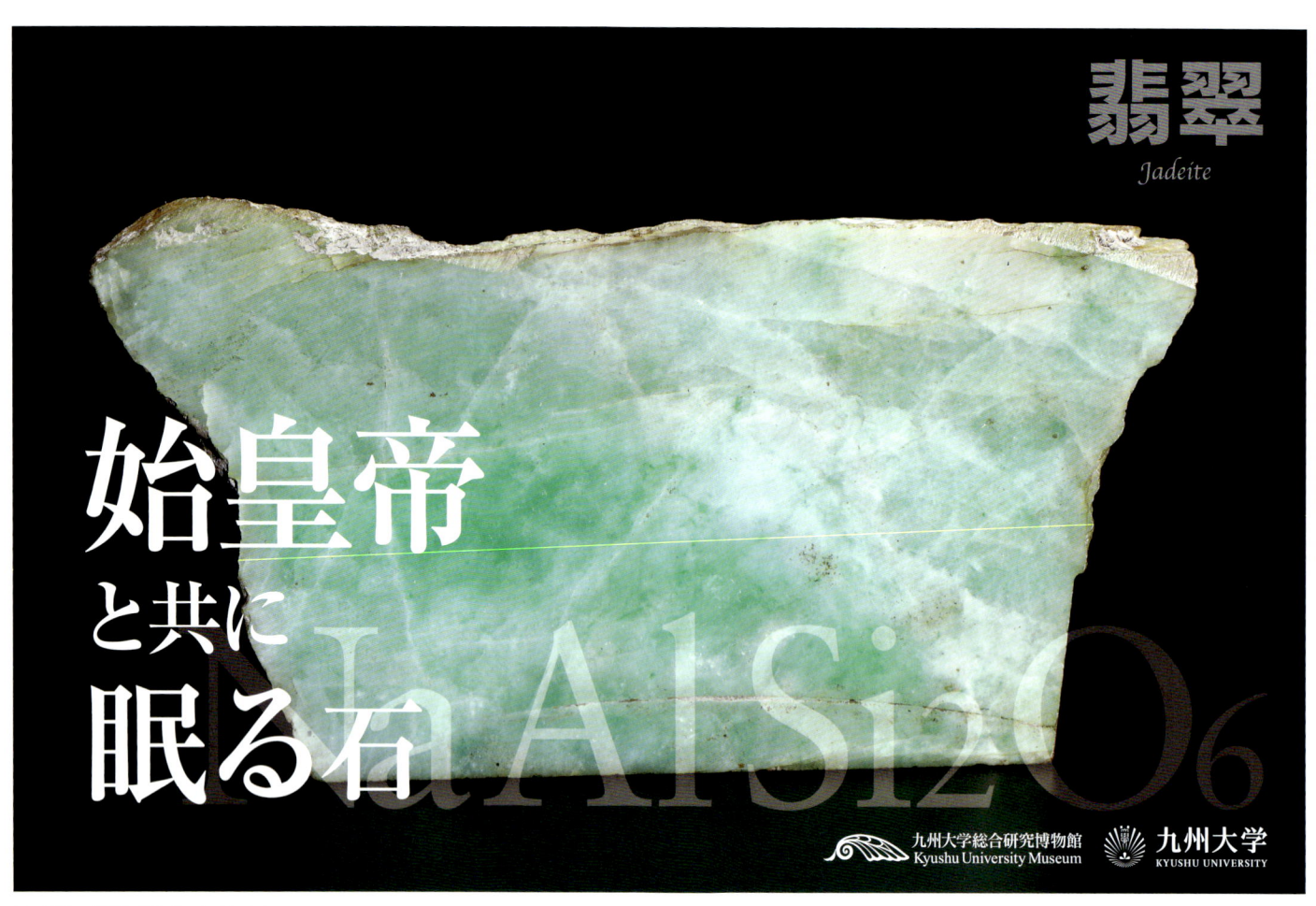

No.033　翡翠（ひすい）/ Jadeite

No.034　緑閃石（りょくせんせき）/ Actinolite

重晶石
Barite／ボヘミア

賢者の石に見まがわれた石

$BaSO_4$

No.035　重晶石（じゅうしょうせき）/ Barite

鉱物標本

天河石
Amazonite／マダガスカル

天の川の宝石

$KAlSi_3O_8$

No.036　天河石（てんがせき）/ Amazonite

No.037　輝安鉱（きあんこう）/ Stibnite

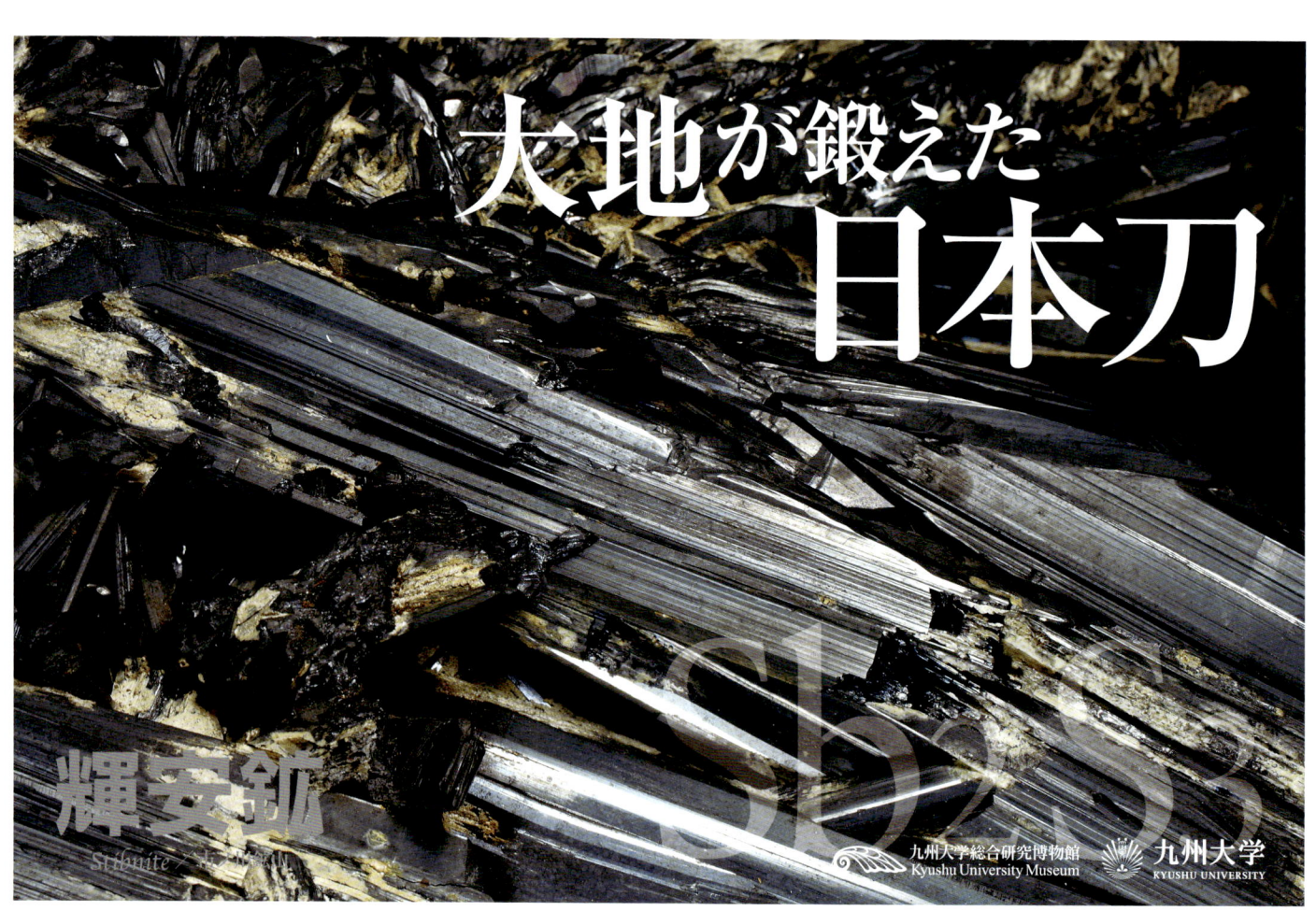

No.038　輝安鉱（きあんこう）/ Stibnite

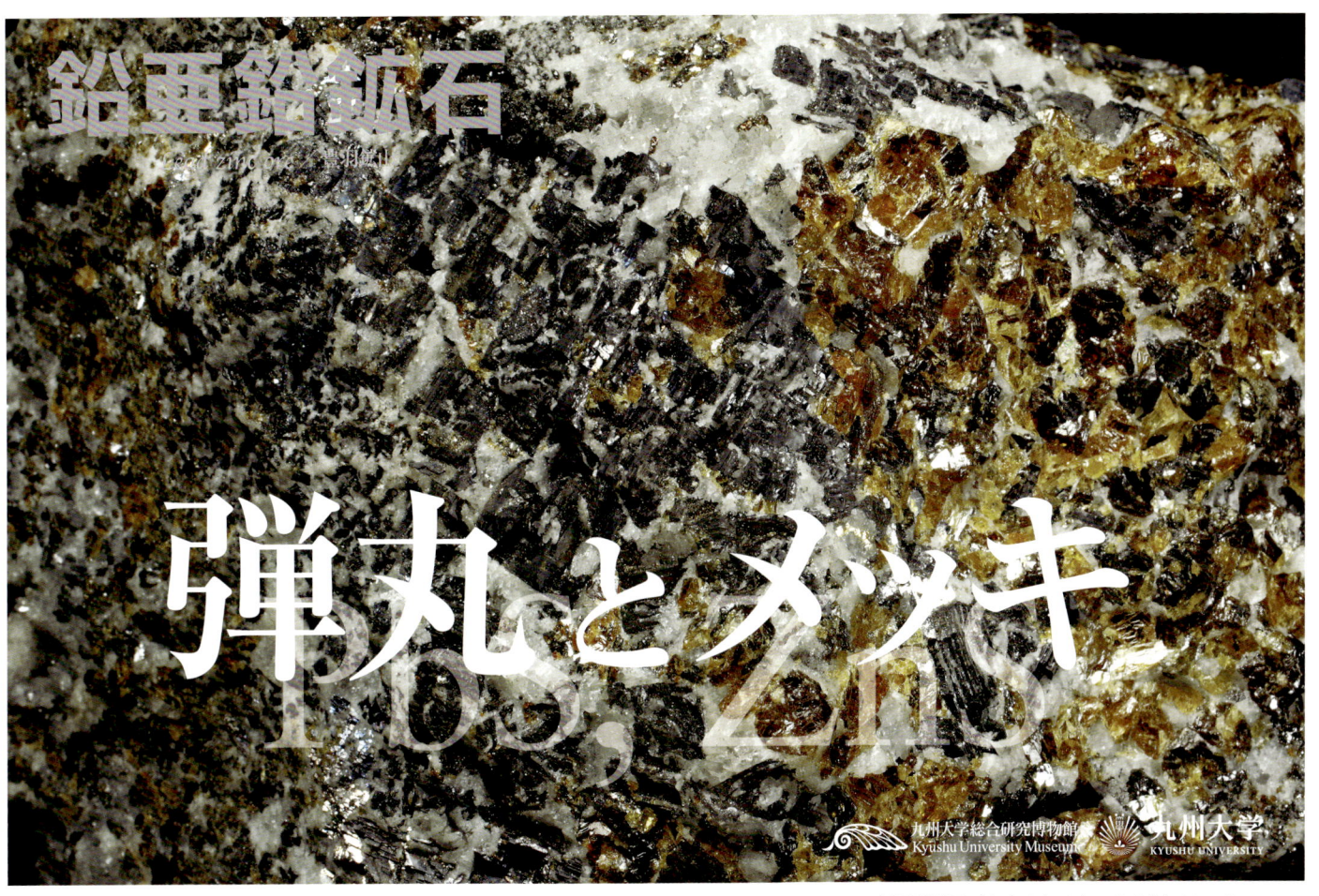

鉛亜鉛鉱石
Pb, Zn ore ／豊羽鉱山

弾丸とメッキ

No.039　鉛亜鉛鉱石（なまりあえんこうせき）/ Lead zinc ore

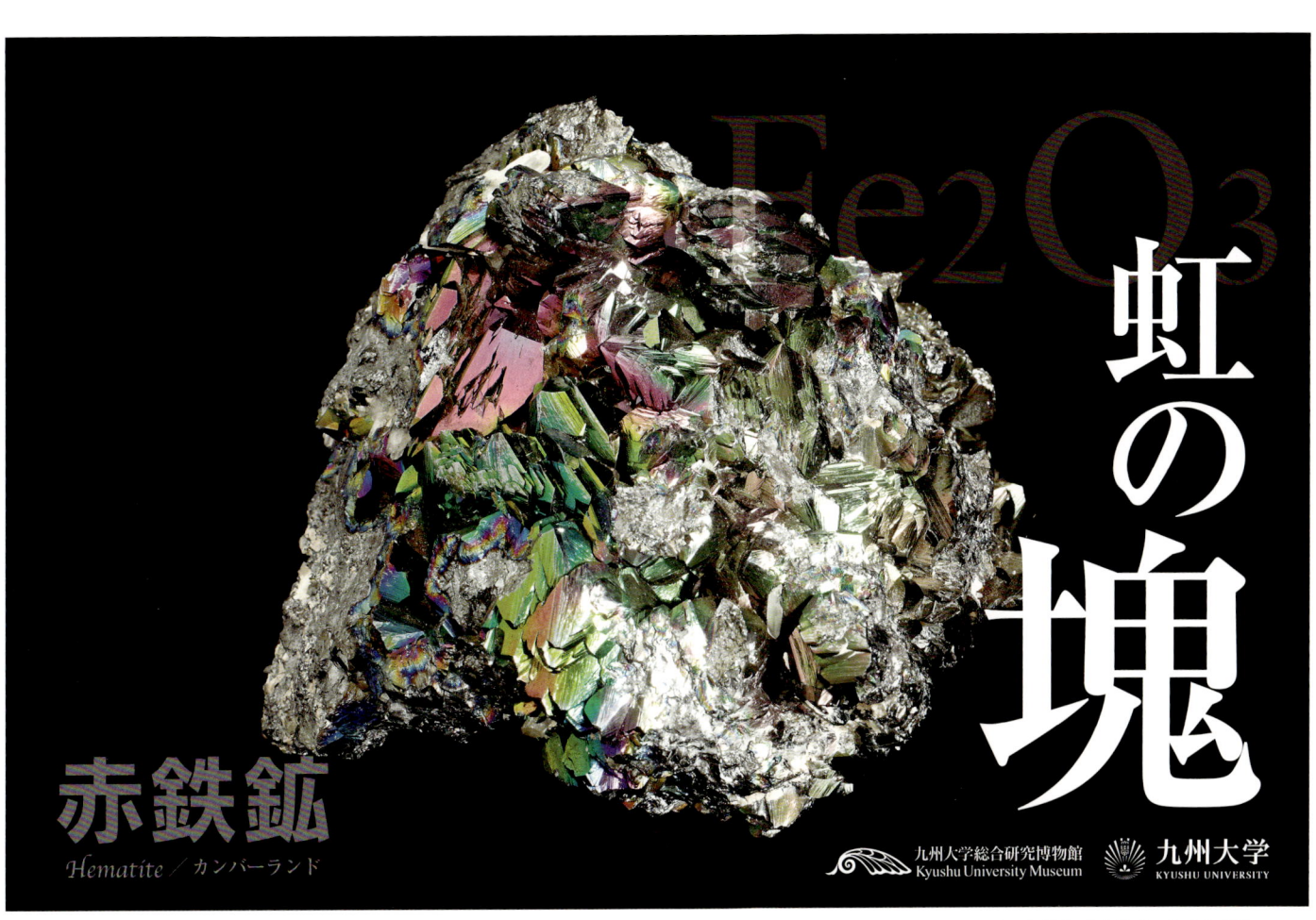

赤鉄鉱
Hematite ／カンバーランド

虹の塊

Fe_2O_3

No.040　赤鉄鉱（せきてっこう）/ Hematite

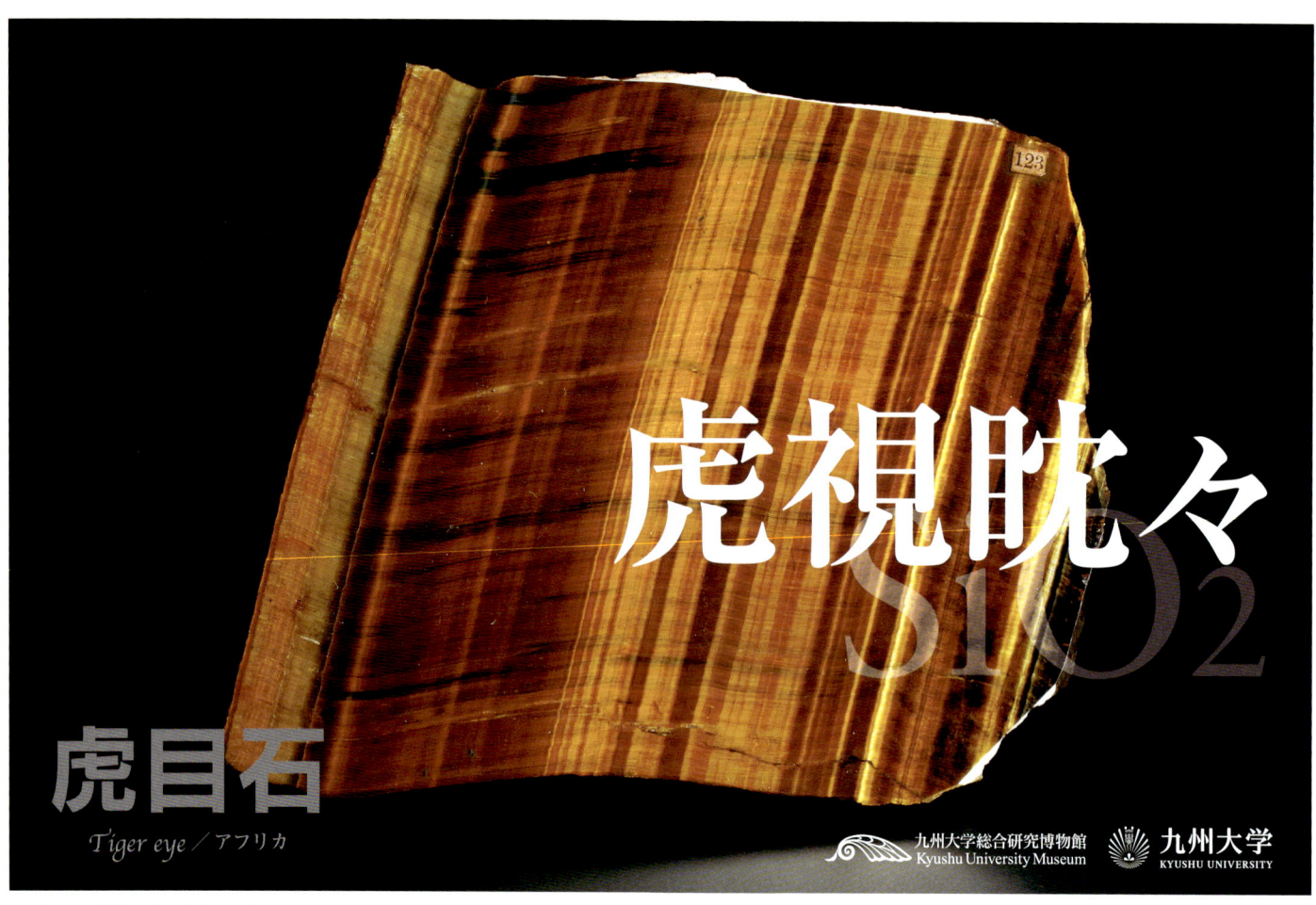

虎視眈々
虎目石
Tiger eye／アフリカ
SiO_2

No.041　虎目石（とらめいし）/ Tiger eye

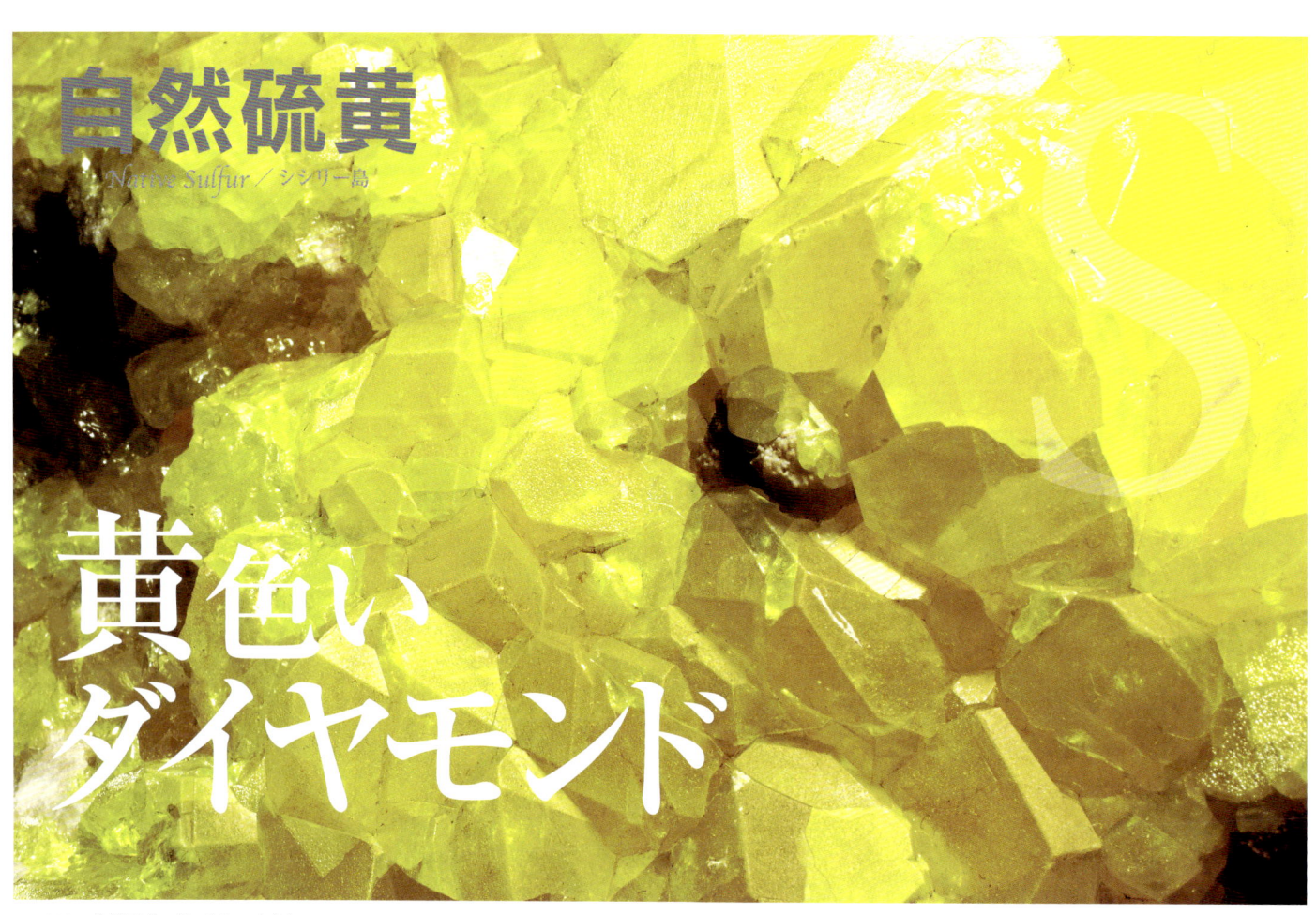

鉱物標本

自然硫黄
Native Sulfur／シシリー島

黄色い
ダイヤモンド

No.042　自然硫黄（しぜんいおう）/ Native Sulfur

緑簾石
Epidote／アラスカ

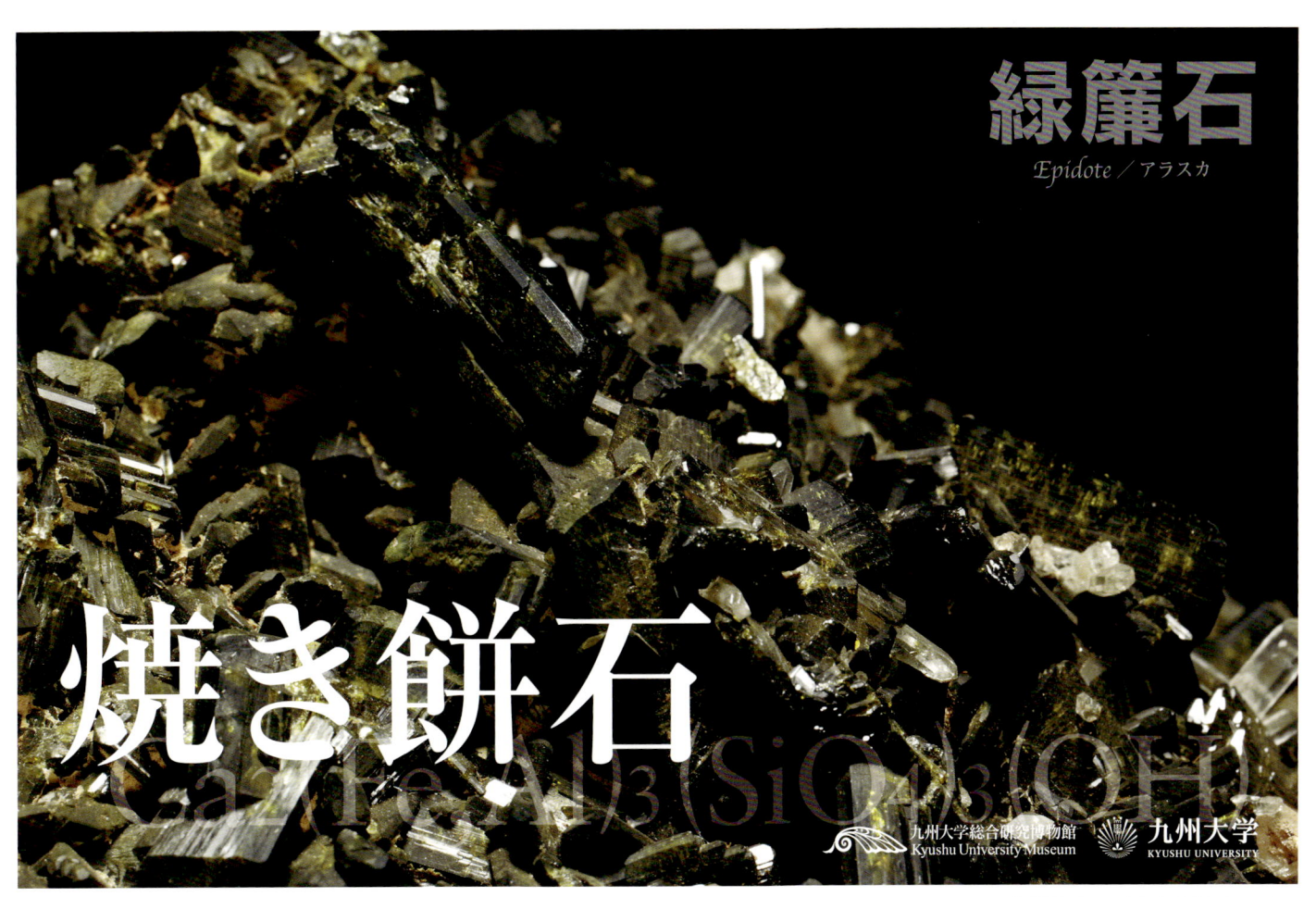

焼き餅石

No.043　緑簾石（りょくれんせき）/ Epidote

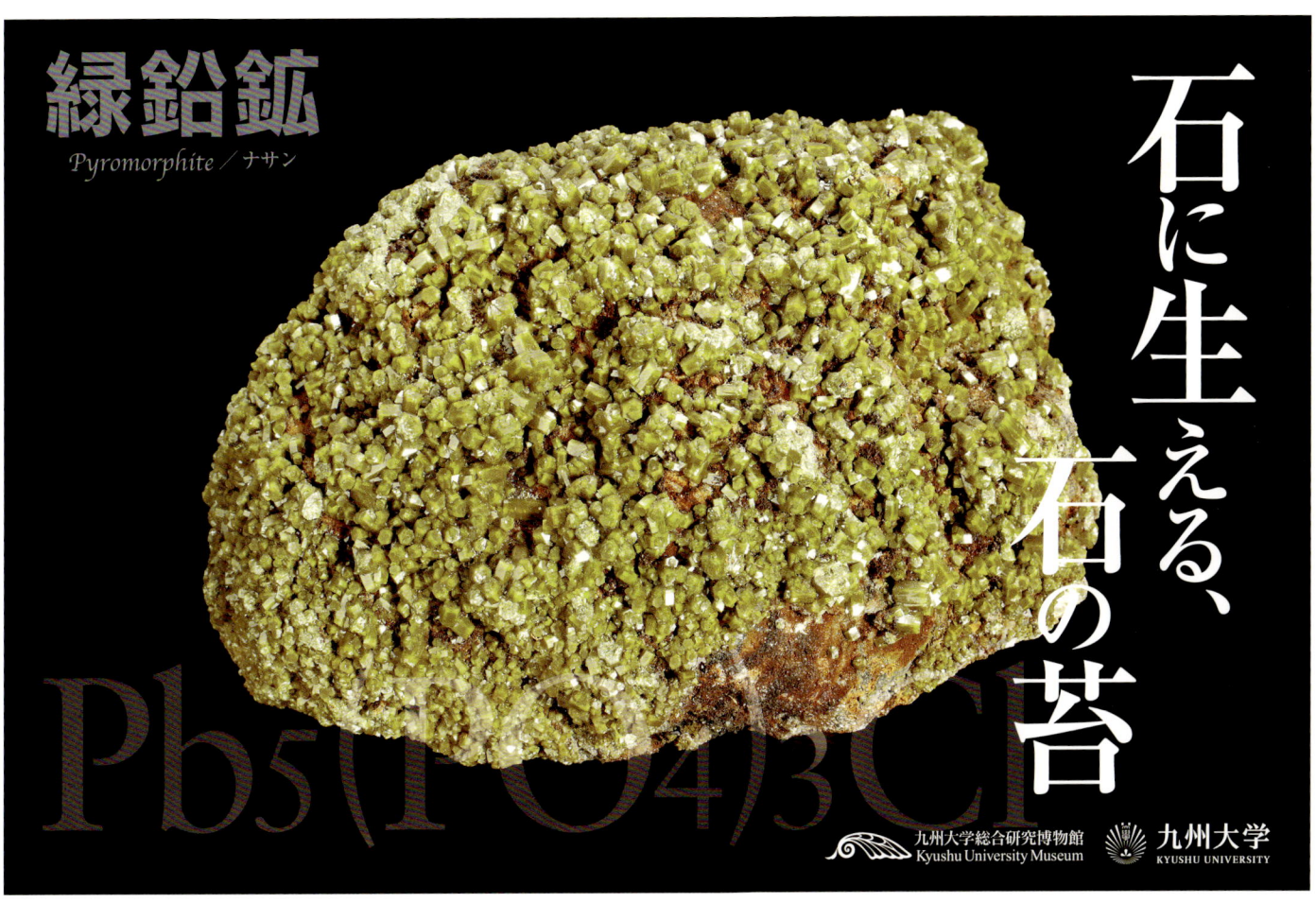

緑鉛鉱
Pyromorphite／ナサン

石に生える、石の苔

No.044　緑鉛鉱（りょくえんこう）/ Pyromorphite

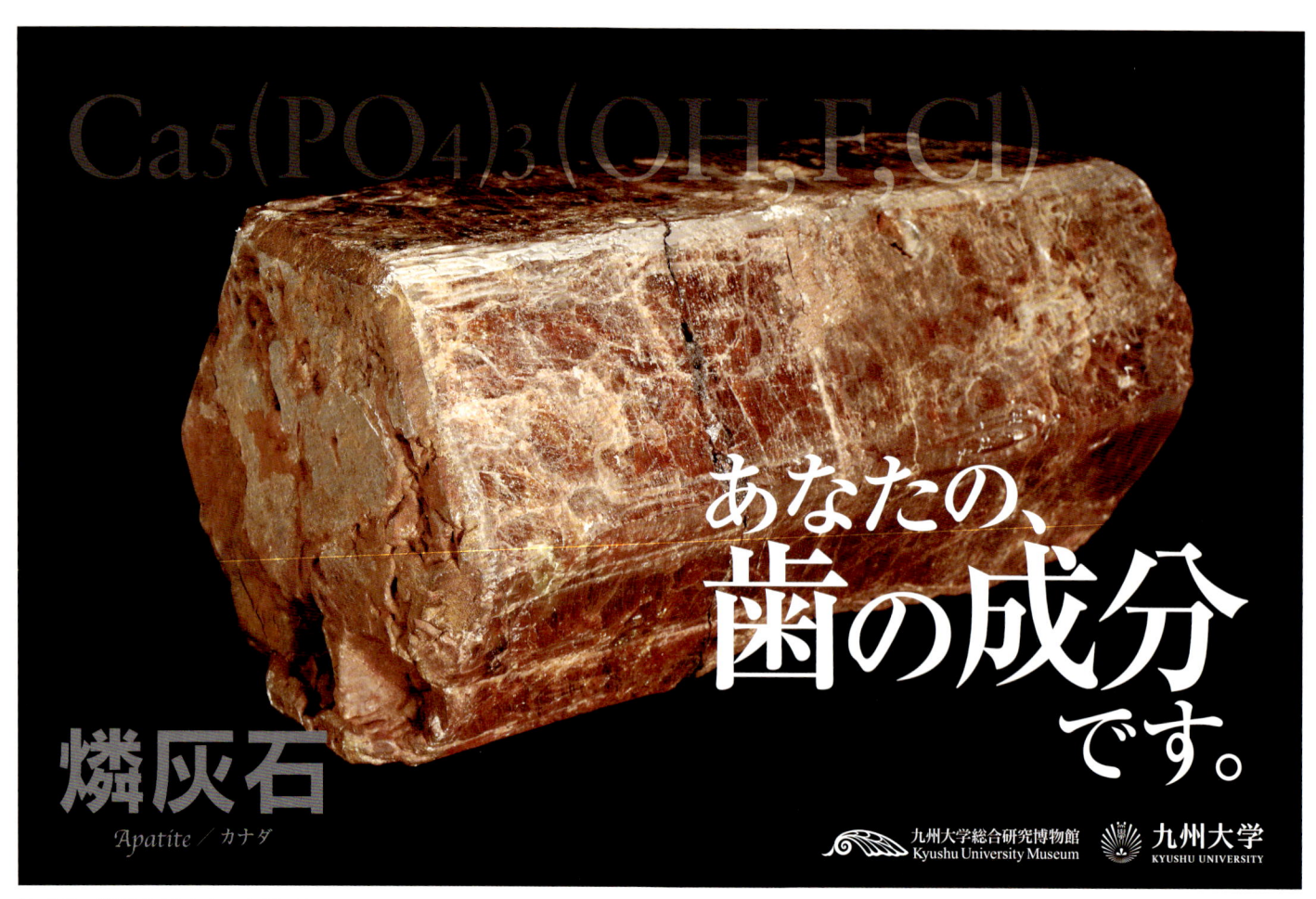

No.045　燐灰石（りんかいせき）/ Apatite

No.046　デクロワゾー石 / Descloizite

スミソナイト
Smithsonite / ラウリオン

$ZnCO_3$

命名者は、スミソニアン博物館のスミソンさん。

九州大学総合研究博物館　九州大学
Kyushu University Museum　KYUSHU UNIVERSITY

No.047　スミソナイト / Smithsonite

鉱物標本

岩 塩
Rock Salt / ザクセン

なめたらいかんぜよ

九州大学総合研究博物館　九州大学
Kyushu University Museum　KYUSHU UNIVERSITY

No.048　岩塩（がんえん）/ Rock Salt

No.049　霰石（あられいし）/ Aragonite

No.050　玉随（ぎょくずい）/ Chalcedony

温泉の化石 ♨

シリカシンター
Silica sinter

No.051　シリカシンター / Silica sinter

マグマの絞りかす

透輝石
Diopside

No.052　透輝石（とうきせき）/ Diopside

No.053　石綿（いしわた）/ Asbestus

No.054　海軍第一種練炭（かいぐんだいいっしゅれんたん）/ briquet

鉱物博士のお気にいり

岩 塩
Rock Salt

化学式
NaCl

産地
ザクセン / Stahsfurt Province, Sachsen

普段は小さなガラス容器に封入されていて、ただ"青い塩"と思っていましたが、写真になると透明感とインクブルーが際立ち、"ただの塩"がまるで"氷の宮殿"の様です。撮影者の荒巻先生に感謝！

Facebook 人気標本 -1

このプロジェクトでは、インターネット上で情報のやりとりが出来る Facebook というサービスを利用して、標本に関する情報を提供してきました。Facebook では、投稿記事を見てくれた人が何人いるか、反応してくれた人が何人いるかなどを知ることができます。多くの人が見て、情報を拡散するなどの反応してくれた標本を、各ジャンル毎に紹介していきます。

No.061　南洋山椒

カレーのスパイスで馴染みの植物という事もあり、反応も多かった植物です。植物標本でいいねを押してくださった方は、ものによって女性と男性の反応の差が大きい印象もありました。

植物標本

No.033　翡翠

この翡翠の淡い緑色が、多くの人の心を掴んだようです。日本産の翡翠の歴史や、翡翠と書いてカワセミと読む日本らしい言葉など、日本人らしいと感じる反応が多く見られた標本です。

鉱物標本 1

鉱物博士のヒミツ

中西 哲也
NAKANISHI Tetsuya

九州大学総合研究博物館
准教授（鉱山地質学）

鉱物と鉱山と鉱床学

　私は九州大学工学部出身で、専門は資源工学とくに鉱床学（鉱山地質学）です。「鉱物」と言うと理学部をイメージする人が大半だと思いますが、実は鉱物と鉱山は深い関わりがあります。鉱物とは「一定の化学組成と結晶構造を持つ無機化合物」であり、私達の身近にもたくさん存在します。たとえば、その辺の"石ころ（岩石）"は鉱物の集合体です。墓石に使われる御影石（みかげいし）には石英、長石、黒雲母、磁鉄鉱が含まれています。しかし、これらの鉱物の結晶は大きくとも1センチ程度で、博物館にあるような大きな結晶ではありませんし、種類も限られます。では、色とりどり、様々な形の鉱物標本は一体どこで取れるのでしょう？その答えは「鉱山」です。

　地球上の元素の濃度は、地殻存在度として知られ、例えば鉄は約6％、金は0.0000004％です。これらの元素は均一に存在する訳ではなく、マグマの活動や熱水の循環、あるいは岩石の風化等によって特定の場所に濃集し、人間が資源として採掘して採算がとれる場合は「鉱床」と呼ばれます。鉱床学が"Economic Geology"と呼ばれる所以です。資源として有用な元素を含む鉱物が集まった岩石を「鉱石」と呼び、鉄鉱石では約60％の鉄、金鉱石では稀に10％以上の金を含有します（普通は0.001％程度）。このような鉱石の採掘が行われる場所を「鉱山」と呼びます。鉱山では様々な鉱物が産出し、時々大きな結晶が見つかります。見栄えの良いものは標本として鉱山事務所やショップや博物館に並ぶ事になります。

　私が鉱床学を専攻したきっかけは、大学3年の夏に西オーストラリアの鉄鉱石鉱山で受けた1ヶ月間の鉱山実習で、鉱床の探査や開発に欠かせない鉱山地質技師の存在を知った事でした。人間の活動に欠かせない鉱産資源を"さまざまな国へ行き、足元の鉱物を見て、数千年〜数十億年の地球の営みを想像しながら探す"楽しそうだと思いませんか？

2012年9月　モンゴル、ボロー金鉱山にて（前列左から2番目が中西）

ネットを駆けるミュージアム

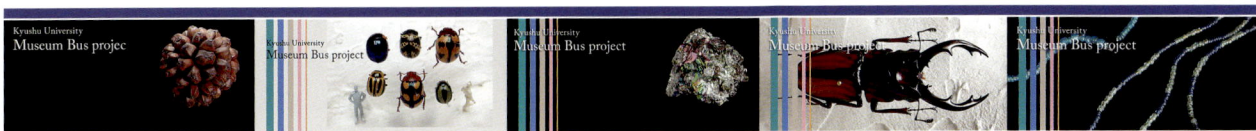

　このプロジェクトをより多くの人達に知ってもらうと共に、更に深くこのプロジェクトを楽しんでもらうことを目的としてFacebookページを利用しました。

　Facebookでは、バス内で展示しているポスターの標本についての解説と、紹介した標本（それ）に関連した豆知識をまとめた『博物小話』を投稿しています。投稿時間は、通勤通学の時間の空いた時間などにも見てもらえるように、基本的に朝と夜の8時。バス車内の展示と連動して、約一か月替わりで情報を流すようにしました。色合いや見た目、その標本の背景にあるつながりも考慮しながら、投稿の順番を決めています。バスの展示でも、見せ方を考えながら並べていますが、それとはまた違った視点からも選んでいます。

　『博物小話』の内容は、逸話や伝承まで、普通の解説とは違ったちょっと面白いものなど。ジャンル全体やその標本関連の小ネタを知ることで標本をまた違った見方で楽しめるようにと選んでいます。自分も興味があり、Facebookを見てくれている人達にもこれは伝えたいと感じるものを探していると、いつの間にか自分が楽しんでいる事もしばしば。

　そうやって投稿したものが、一人でも多くの方から反応を貰えるととても嬉しいものです。投稿記事を見た人からの共感の声が、次の投稿への活力になっていました。このFacebookページの購読者も130を超え、様々なジャンルのファンの方にこのプロジェクトと多くの標本を知ってもらい、その魅力などを伝えてこれたと感じています。

Facebook 人気標本 - 2

No.054　海軍第一種練炭

鉱物標本で紹介した中でも、少し特殊な一つでもある練炭です。歴史的に貴重な資料であり、日本の戦いの片鱗が見える物として興味を引かれた人が多い投稿です。

鉱物標本2

No.157　矛形祭器・広形銅矛（福岡市指定文化財）

三種の神器の一つとして語られ、facebook投稿でも、勾玉と鏡も投稿しています。その中でも、装飾も美しく歴史の感じられるこの逸品が特に人気でした。福岡市指定文化財という事もあり、福岡近辺の方のいいねも多くありました。

考古学資料

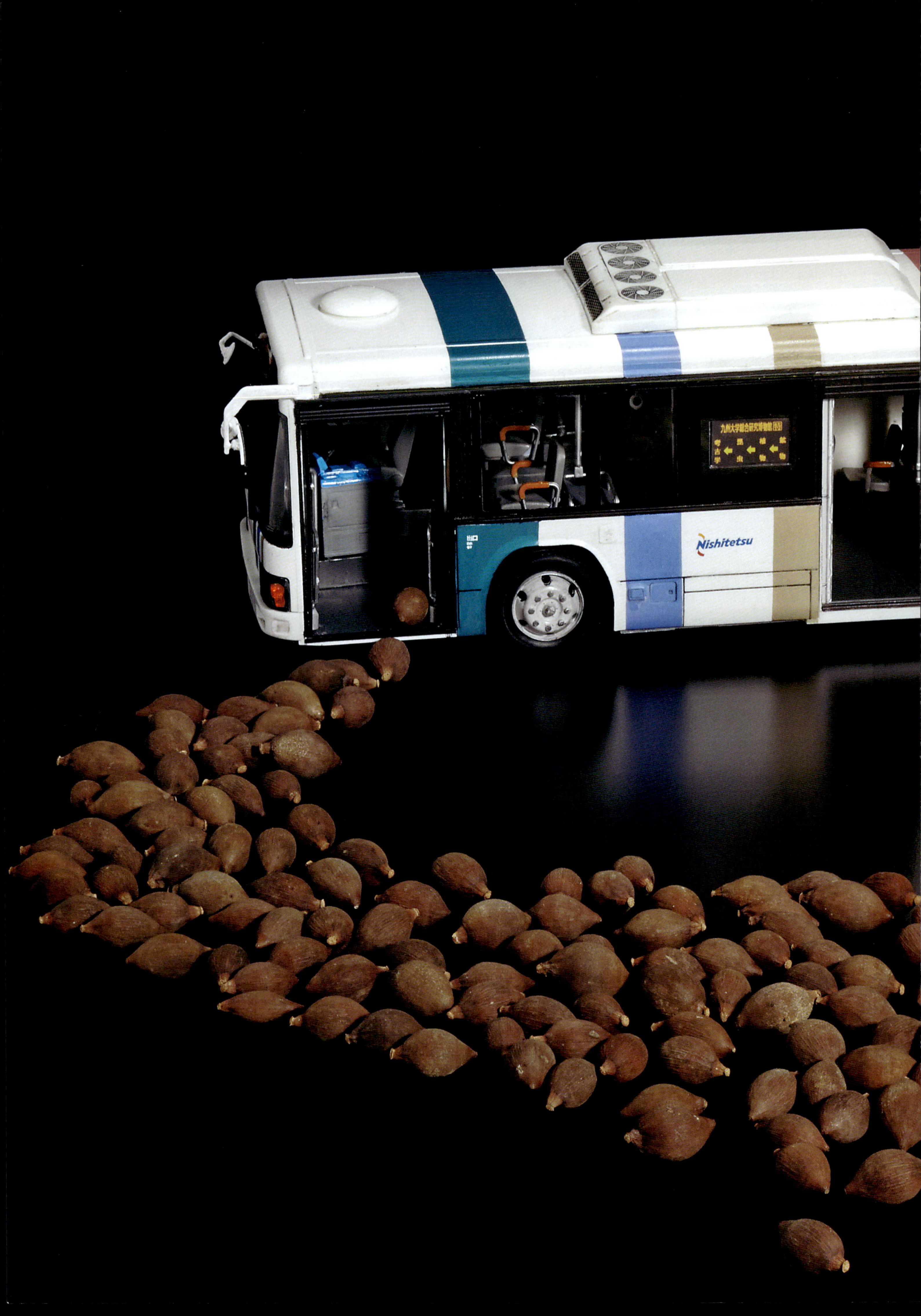
九州大学総合研究博物館
Nishitetsu

植物標本

　九州大学が保管している植物標本のほとんどは、農学部所蔵のものです。なかでも旧林学第二講座の教授であった金平亮三によるコレクションは、世界的に有名です。今回のミュージアムバスでは、その金平コレクションの中から、これまでほとんど一般公開されてきていない果実標本や、九大着任直後に収集されたさく葉（押し葉）標本を中心にセレクトしました。その多くが、本邦初公開のものとなっています。

　金平コレクションは、果実の標本を多数含んでいることが特徴のひとつ。特に南洋群島調査のさい採集されたタコノキ科植物の乾燥果実標本が豊富です。これは、金平の著書「ニューギニア探検」にも写真が出ていますが、現地で火であぶって乾燥させ、本国に持ち帰ってきたものです。当時はその調査に、労力、資金ともにふんだんに投入されていたであろうことが伺えます。

　今回のミュージアムバスでは、標本自体のサイズ感はほとんどわからないかもしれません。いつか実現するであろう実物標本とともに展示される機会にでも、是非確認してみてください。

マゼランが追い求めた
憧れのスパイス

クローブ
Eugenia caryophyllata Thunb.
Name

Peradeniya, Ceylon / 1921.Oct
Place / Date

No.055　クローブ / *Eugenia caryophyllata* Thunb.

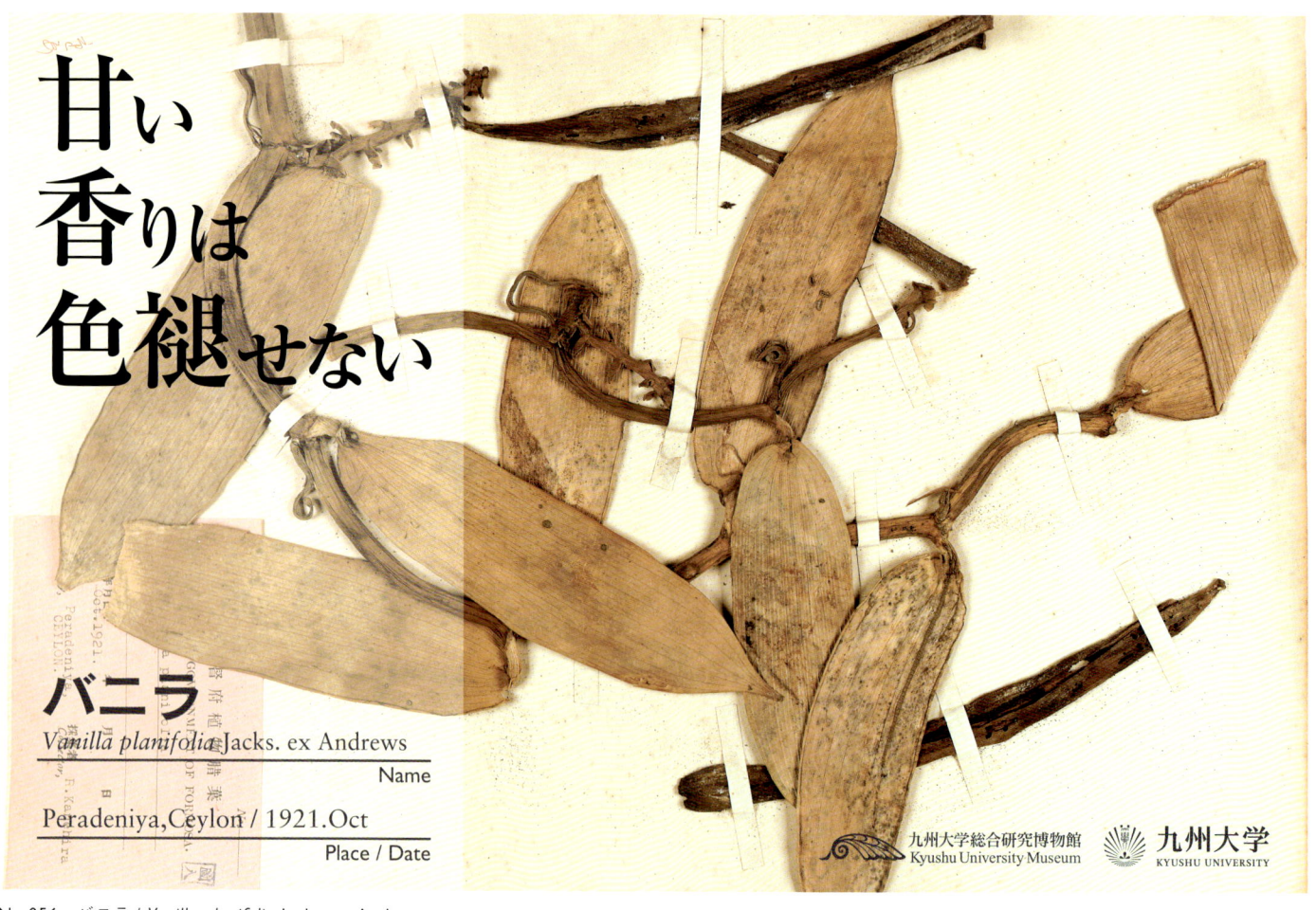

甘い香りは色褪せない

バニラ
Vanilla planifolia Jacks. ex Andrews
Name

Peradeniya, Ceylon / 1921.Oct
Place / Date

No.056　バニラ / *Vanilla planifolia* Jacks. ex Andrews

大航海時代、
黄金と同じ
価値があった

胡椒
Piper nigrum L.
　　　　　　　　　　Name
Ponape / 1939
　　　　　　　　　　Place / Date

No.057　胡椒（こしょう）/ *Piper nigrum* L.

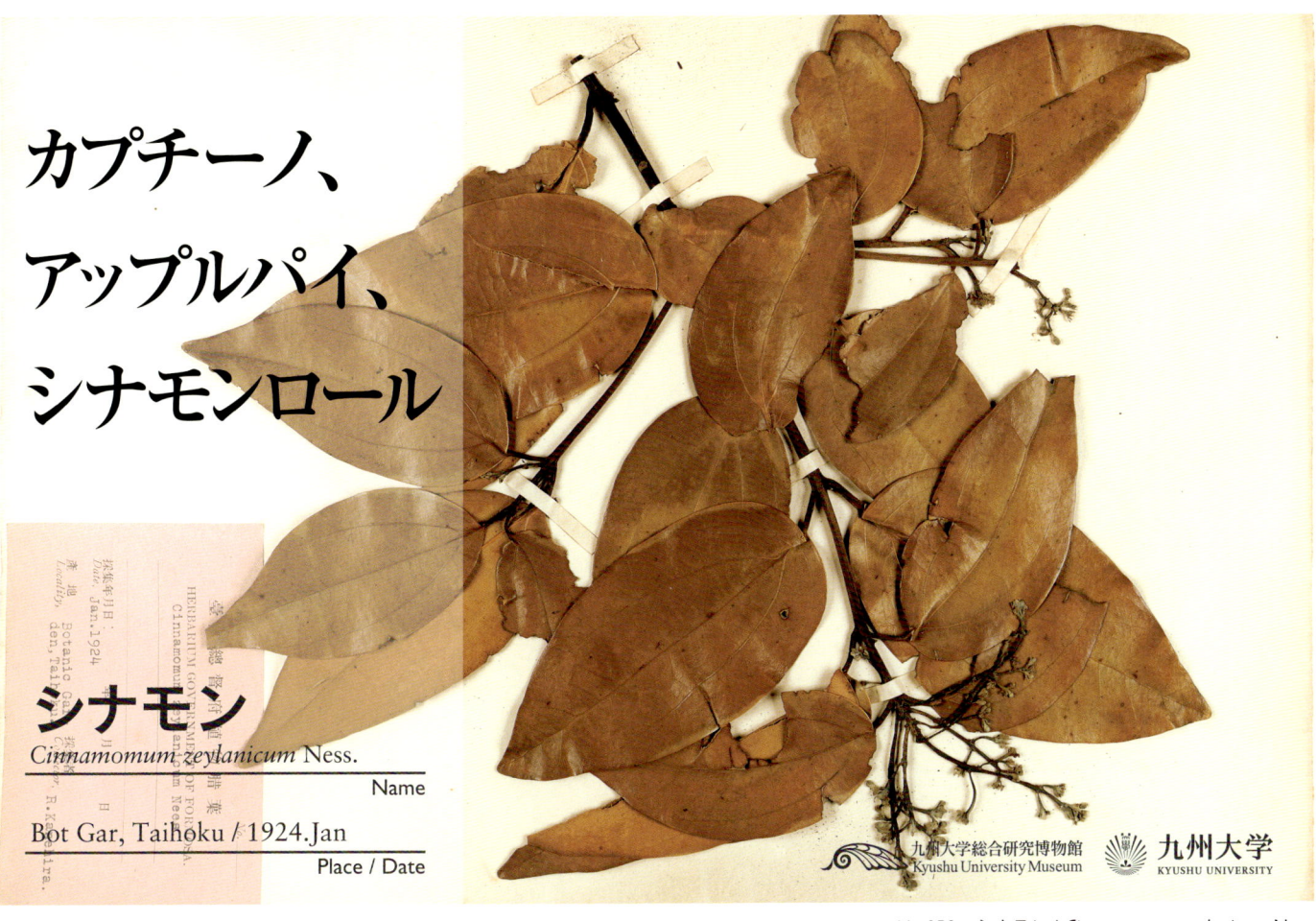

カプチーノ、
アップルパイ、
シナモンロール

シナモン
Cinnamomum zeylanicum Ness.
　　　　　　　　　　Name
Bot Gar, Taihoku / 1924.Jan
　　　　　　　　　　Place / Date

No.058　シナモン / *Cinnamomum zeylanicum* Ness.

植物標本

コーヒーの二大巨頭
王道のアラビカ種

アラビアコーヒーノキ
Coffea arabica L.
Ponape / 1939

No.059　アラビアコーヒーノキ / *Coffea arabica* L.

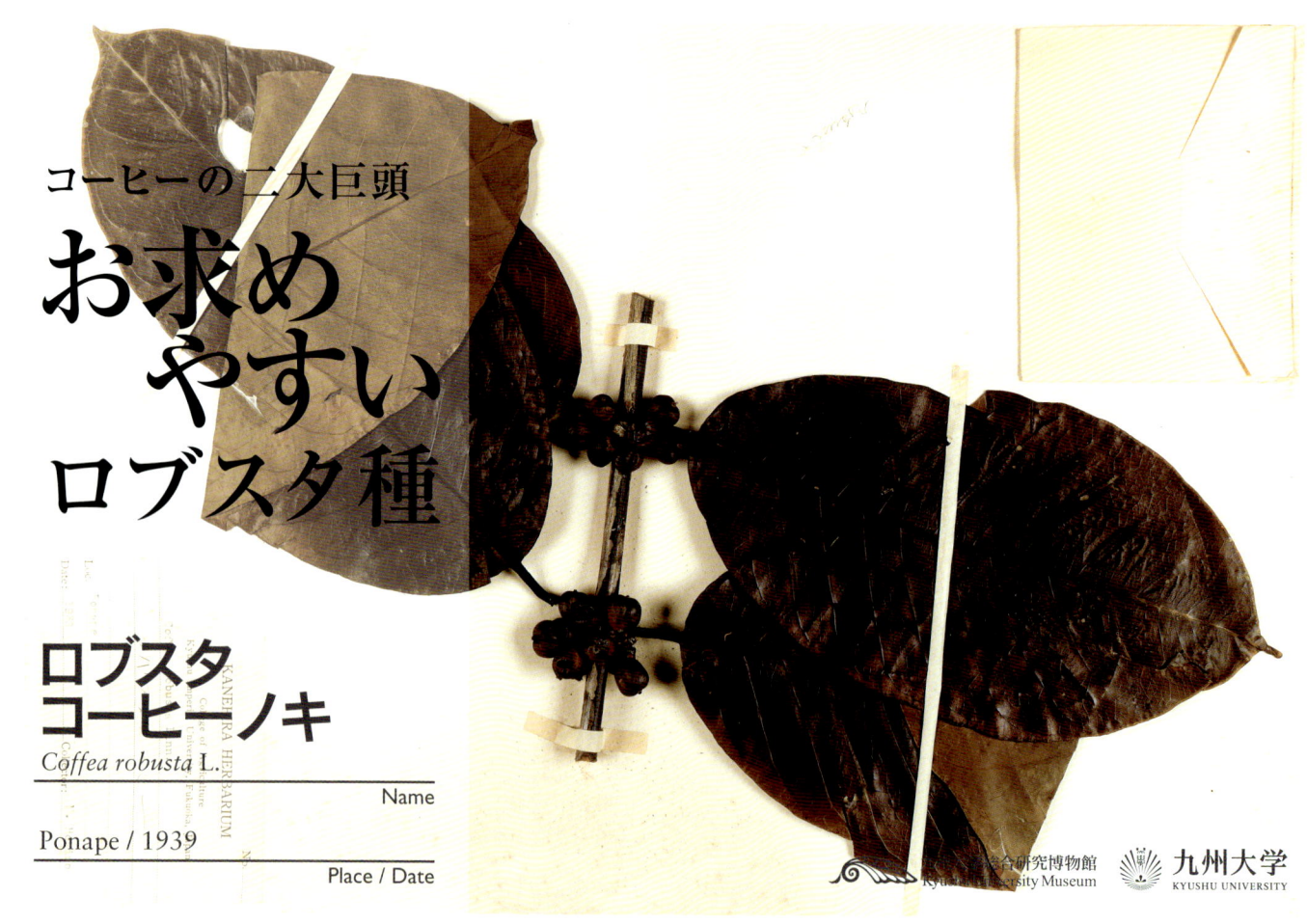

植物標本

コーヒーの二大巨頭
お求めやすいロブスタ種

ロブスタコーヒーノキ
Coffea robusta L.
Ponape / 1939

No.060　ロブスタコーヒーノキ / *Coffea robusta* L.

本場インドの
カレー
の香り

南洋山椒
Murraya koenigii Epreng.
Name

Feradeniya, Ceyron / 1921.Oct
Place / Date

No.061　南洋山椒（なんようざんしょう）/ *Murraya koenigii* Epreng.

植物標本

本物の**ジン・
トニック**には
入っています

アカキナノキ
Cinchona succirubra Pav. ex Klotzsch
Name

Keitao / 1923.Dec.14
Place / Date

No.062　アカキナノキ / *Cinchona succirubra* Pav. ex Klotzsch

アジアン料理の美味の素

タマリンド
Tamarindus indica L.

Kolonia, Ponape / 1938.Feb.19

No.063　タマリンド / *Tamarindus indica* L.

「美味しそう!」の演出家

ベニノキ
Bixa orellana L.

Bot Gar, Taihoku / 1924.Feb

No.064　ベニノキ / *Bixa orellana* L.

マダガスカルの万能薬

ラベンサラ
Ravensara aromatica Sonn.
　　　　　　　　　　Name
Peradeniya, Ceylon / 1921.Oct
　　　　　　　　　　Place / Date

No.065　ラベンサラ / *Ravensara aromatica* Sonn.

植物標本

大人のサプリメント

ヨヒンベ
Pausinystalia yohimba Pierre
　　　　　　　　　　Name
Bot Gar, Buitenzorg / 1925.May
　　　　　　　　　　Place / Date

No.066　ヨヒンベ / *Pausinystalia yohimba* Pierre

アガサ・クリスティが愛した毒。

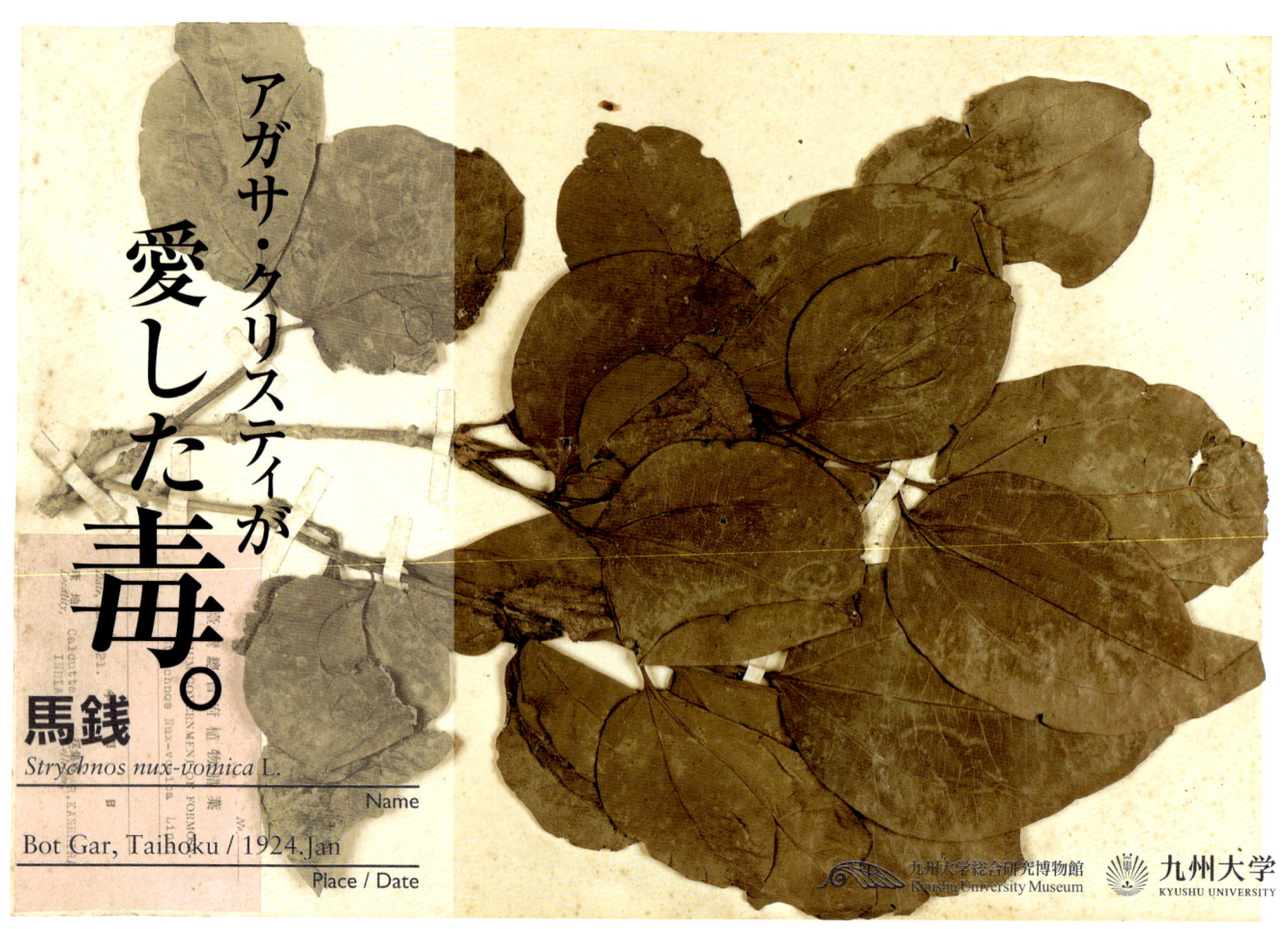

馬銭
Strychnos nux-vomica L.
Name
Bot Gar, Taihoku / 1924.Jan
Place / Date

No.067　馬銭（まちん）/ *Strychnos nux-vomica* L.

海底ケーブルを覆うゴム

グッタペルカノキ
Palaquium gutta Burck.
Name
Bot Gar, Buitenzorg, Java
Place / Date

No.068　グッタペルカノキ / *Palaquium gutta* Burck.

スーツ
とします

アンソクコウノキ
Styrax bensoin Dry.
Name

Peradeniya, Ceylon / 1921.Oct
Place / Date

No.069　アンソクコウノキ / *Styrax bensoin* Dry.

植物標本

シャネルの
5番

イランイランノキ
Cananga odorata Hook.f.
Name

Bot Gar, Taihoku / 1924.Feb
Place / Date

No.070 イランイランノキ / *Cananga odorata* Hook.f.

娑羅双樹の花の色

ダンマルジュ
Agathis alba (Lamb.) Rich. et A. Rich.
Name

Bot Gar, Taihoku / 1924.Feb
Place / Date

No.071　ダンマルジュ / *Agathis alba* (Lamb.) Rich. et A. Rich.

ツルになってよじ登るアダン

フレイキネティア・ボナペンシス
Freycinetia ponapensis Martelli

Parkier, Ponape / 1937.Jan.17

No.072　フレイキネティア・ボナペンシス / *Freycinetia ponapensis* Martelli

パンダヌス・ドゥビウス
Saipan / 1933.Aug

金平教授のお気に入り
「サイパンのタコノキ」

九州大学総合研究博物館　九州大学

No.073　パンダヌス・ドゥビウス / *Pandanus dubius* Spreng.

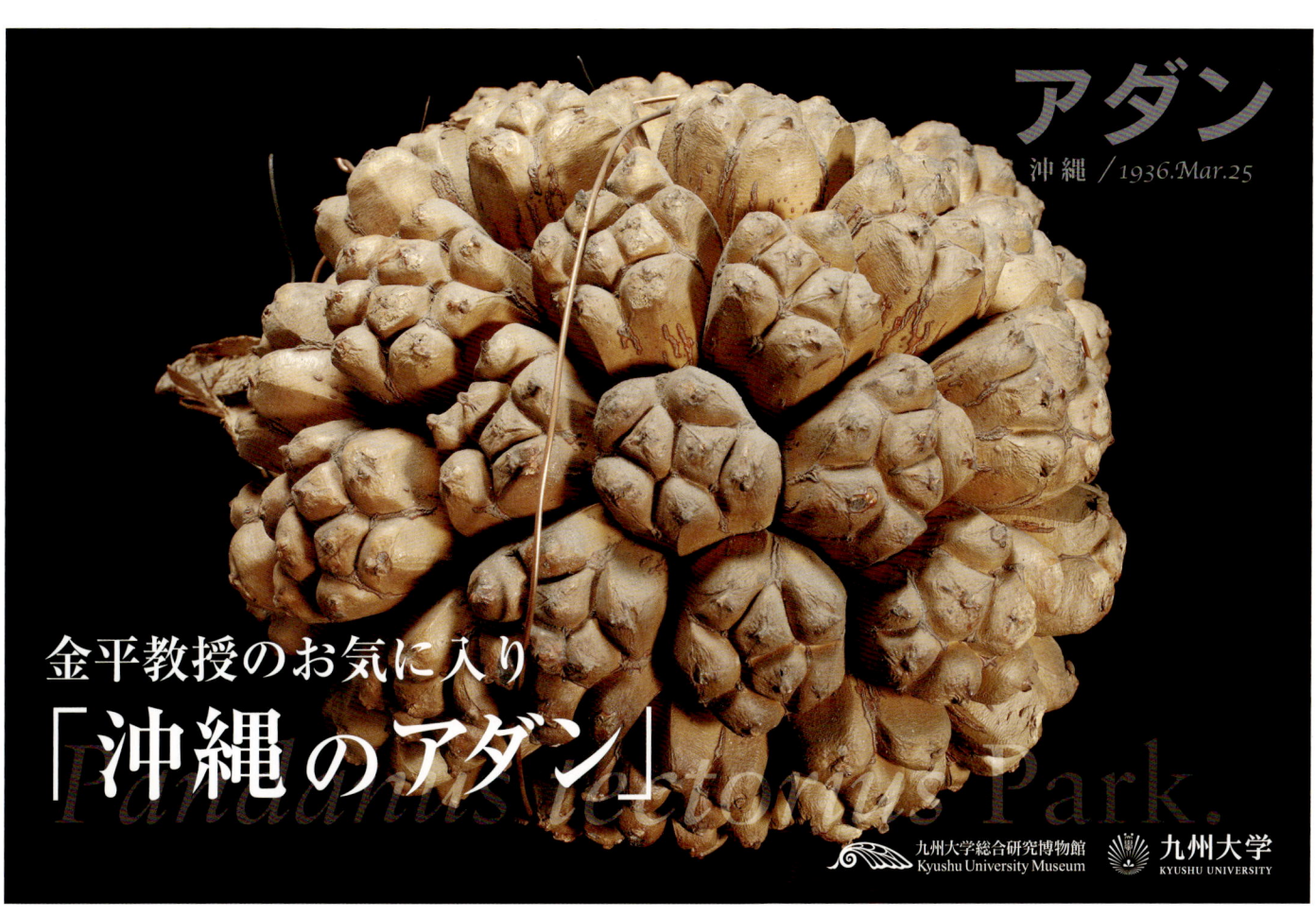

アダン
沖縄 / 1936.Mar.25

金平教授のお気に入り
「沖縄のアダン」

九州大学総合研究博物館　九州大学

No.074　アダン / *Pandanus tectorius* Park.

植物標本

海を渡る実

ポナペア・レデルマニアーナ
Ponape / 1937.Jan

No.075　ポナペア・レデルマニアーナ / *Ponapea ledermanniana* Becc.

ミクロネシアの子だくさん

ピナンガ・ミクロネシカ
Palau Aimiriik / 1932.Aug

No.076　ピナンガ・ミクロネシカ / *Pinanga micronesica* Kanehira

和傘に塗った秘密の油

オオアブラギリ
Aleurites fordii Hemsl.
Kesakabe, Wakayama-ken / 1938.Sep

No.077　オオアブラギリ / *Aleurites fordii* Hemsl.

猫のしっぽの木

ナンヨウマヤプシギ
Sonneratia caseolaris (L.) Engi.
Davao, Pholippines / 1933.Aug

No.078　ナンヨウマヤプシギ / *Sonneratia caseolaris* (L.) Engi.

植物標本

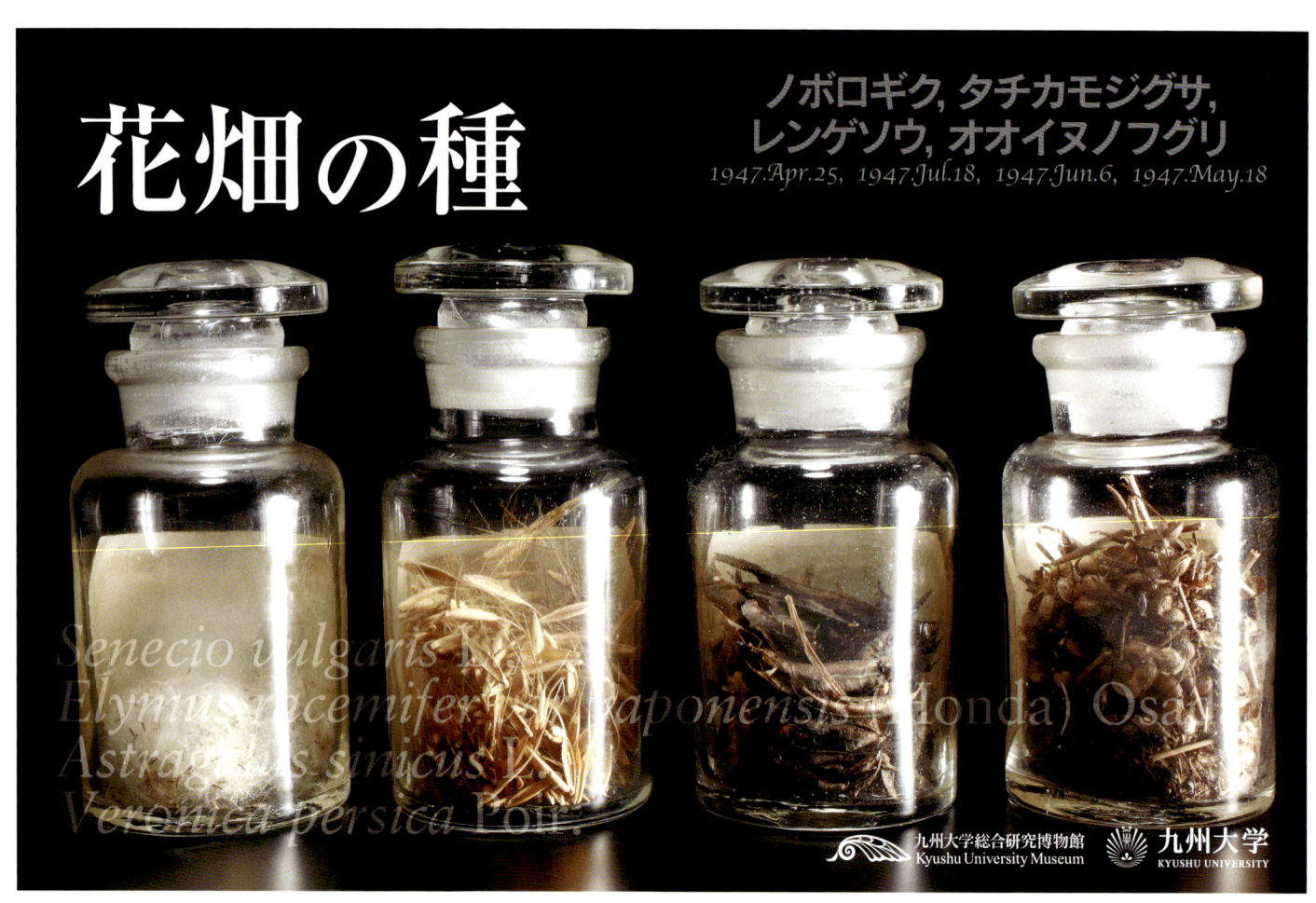

No.079　ノボロギク / タチカモジグサ / レンゲソウ / オオイヌノフグリ

No.080　カラマツ / コノテガシワ / ヒノキ / クスノキ

健康の種

スイカ, 古代の米, ケシ, カヤ
-, 福岡県筑紫郡四王寺山城跡 / 1957.Oct.8, -, 1920.Feb.9

Citrullus lanatus (Thunb.) Matsum. et Nakai
Oryza sp.
Papaver somniferum L.
Torreya nucifera (L.) Siebold et Zucc.

九州大学総合研究博物館 Kyushu University Museum
九州大学 KYUSHU UNIVERSITY

No.081　スイカ / 古代の米（こだいのこめ）/ ケシ / カヤ

植物標本

植物博士のお気にいり

花畑の種
・
森林の種
・
健康の種

この瓶入り種子標本は、2005年の地震で崩壊しかけたままの標本棚から借用してきた。わりと適当に選んだ割には、「花畑」「森林」「健康」とうまいことわけてくれた。薬瓶が黒の背景に映えて美しい。

植物博士のヒミツ

三島　美佐子
MISHIMA Misako

九州大学総合研究博物館
准教授（植物系統学）

アダンの実

　田中一村の「アダンの木」（正式な題は「アダンの海辺の図」である）を初めて観たのは、いつのことだったろうか。両親が1987年ごろから10年ほど、鹿児島市内の鴨池新町に住んでいたことがあり（同じ建物の上階には著名な児童文学家がお住まいだったと聞いている）、おそらくはその間に、鹿児島で観たのだろう。記憶が定かでなく、その絵は実物だったかもしれないし、画集にあったのかもしれない。とにかく、その一枚の絵のみが鮮烈な記憶として私の中に残っているのである。当時私は雪深い北陸の地方大学で学生をしており、将来研究者になりたいとは思っていたけれども、まさか自分が「アダン」の標本を扱う日がこようとは夢にも思っていなかったし、そもそも「九州大学」なるものが「福岡」に存在することを知ったのもずっと後のことだった。

　「アダン」はタコノキ科タコノキ属の植物で、トカラ列島から東南アジアにかけて分布する多年生の単子葉植物である。タコノキ属は日本では2種しか知られていないが、世界には約600種もあり、熱帯〜亜熱帯地域で多様化している。恐らくその多様性に惹かれたのであろう、金平亮三は、南洋群島調査時にタコノキ科の標本を精力的に集め、多くの新種を記載している。タコノキ科植物の果実は、複数の実が集まってくす玉のようになっている集合果で、「アダンの木」を知った私がそのタイトルを「アダンの実」であるとずっと勘違いしてしまっていたくらい、印象的な形をしている。タコノキ属の種をわける特徴のひとつは、この果実の数や形である（田中一村の「アダンの木」でも、この集合果の特徴が見事に表現されている）。

　私と「アダンの木」との出会いから、（多分）四半世紀が過ぎようとしている。期せずして博物館勤めの今、金平コレクションが収蔵されている九大の標本庫で、古い木製棚にごろごろと転がされているタコノキ属の果実標本を、恐らくそれらを嬉々として集めていたであろう金平先生や初島先生の姿を想像しながら、愉快な気持ちで眺めている。

カメラマンの視線

荒巻　大樹
ARAMAKI Daiki

九州産業大学芸術学部写真映像学科
助手（写真学）

特徴や美しさを引き出す

　今回、九大ミュージアムバスプロジェクトでの撮影依頼を受けた際に、竹田館長・齋藤先生から撮影について依頼されたことは、標本の特徴や、美しさを生かした撮影を行ってほしい‥という依頼でした。

　本来、学術標本の写真撮影では、被写体となる標本を可能な限り正確に記録することが撮影者に求められます。例えば、昆虫の標本撮影では、照明光は出来るだけ拡散させ、被写体に陰影が生じないように照明をします。また、被写界深度を深くすることで、画像がボケないようにし、それでも被写界深度が足りない場合は、ピントを移動させながら複数枚撮影・画像処理を行い、被写体全体にピントを合わせる‥という具合に撮影を進めていきます。しかしながら、この撮影方法は、あくまでも学術標本を忠実に撮影する方法であり、今回の撮影では、この手法は採用できませんでした。

　今回の撮影では、被写体の特徴や美しさの表現を第一に考え、撮影方法を選択しました。室内撮影のライティングでは、被写体側面にメインとなるストロボを設置し、被写体のほぼ真上にサブのストロボを設置することで、ある程度の陰影を付け、被写体の立体感を表現しました。このライティングを基本形とし、被写体の大きさや形に合わせて、被写体ごとに微調整する方法で撮影を進めました。カメラについては、撮影時のフットワークを考え、35mm判デジタル一眼レフを使用しています。使用するレンズは一度の撮影で様々なサイズの標本を撮影することが分かっていたため、焦点距離50mmのマクロレンズを基本とし、被写体に応じて16-35mm・24-70mm・70-200mmのズームレンズを使用しています。

　撮影時に、私が一番注意した点は、標本の特徴や美しさを写真上に如何にして引き出すことが出来るか？であった。撮影の際は、標本を担当されている専門の先生の話を伺いながら、被写体を観察することで、撮影ポイントを見つける事に集中しました。ポイントが見つかれば、次に如何にそれを表現するかを考えながら撮影を行いました。標本一つ一つの由来を伺いながら撮影を行う事で、全ての標本において納得のいく撮影を行うことが出来たと思っています。

　撮影は全てRAW形式で記録を行い、撮影時に記録したカラーチャートを基準に色調・明るさの調整を行うことで正確な色合いの再現を目指しています。画像処理においては、標本本来の美しさを楽しんでいただけるよう、全て16Bit処理を行っています。

　最後に、監修を始め、様々な手配・調整等を行っていただいた竹田館長。企画・デザインを始め、撮影の際、画像チェックを行っていただいた齋藤先生。バス内展示を始め標本写真に素敵かつ奥深いキャッチコピーを考えてくださった、九州大学の学生の皆さん。撮影準備・撮影時の補助を行ってくれた九州産業大学の知念さん。今回、このプロジェクトに参加でき、皆様と企画を進めていくことが出来た事に、深く感謝すると共に、お礼申し上げます。

植物標本

昆虫標本

　九州大学にはさまざまな昆虫関係の研究室があり、農学部、比較社会文化研究科を中心とした施設に膨大な量の標本が収蔵されています。その数は合計約400万点とされ、日本最大の昆虫収蔵であると同時に、九州大学でもっとも大きな収蔵分野ともなっています。

　それらの標本は学術研究用の地味で目立たないものが中心でしたが、2009年に長崎県のカトリックの神父、烏山邦夫さんが約700箱の大型美麗種と中心とした標本を寄贈してくださりました。現在では入手困難なもの、きわめて高価で購入の難しいものが多く、同時に多くの人々の目を楽しませる内容で、九州大学の昆虫標本に新たな彩りをそえるものとなりました。

　バスミュージアムに選んだ標本はすべて烏山邦夫さんの収集された標本です。担当教員である丸山のような専門家が選ぶと内容が片寄ると思い、バスミュージアムを実行している学生さんに選んでもらいました。「ほう、こんなのを選ぶのか」と新たな視点を知りました。

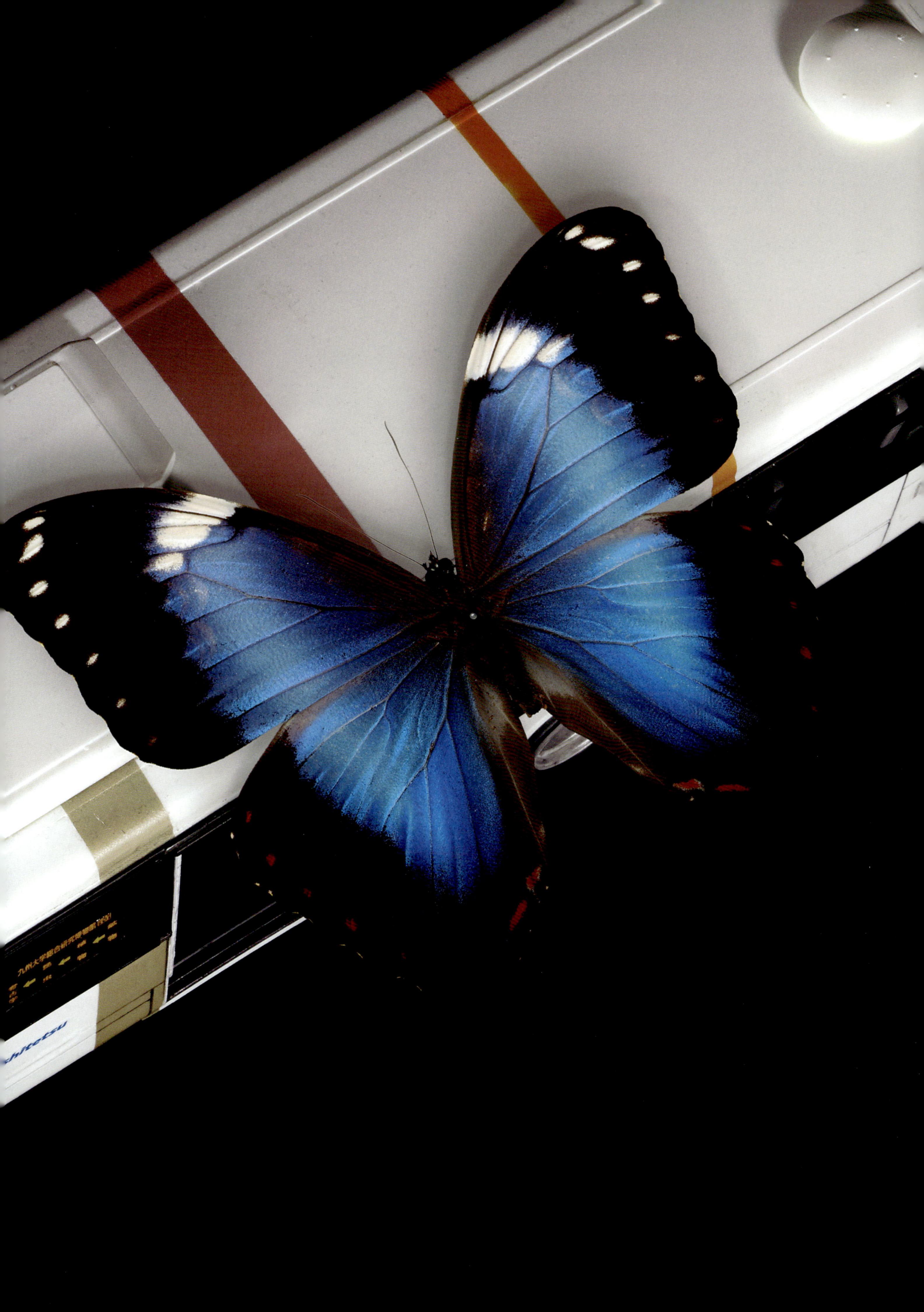
九州大学総合研究博物館

ヘラクレスオオカブト
コスタリカ / 2000.May

Dynastes hercules septentrionalis

世界最強の名はどちらのもの!?
南米代表ヘラクレス

No.082　ヘラクレスオオカブト / Dynastes hercules septentrionalis

昆虫標本

コーカサスオオカブト
東南アジア / 1995

Chalcosoma chiron

世界最強の名はどちらのもの!?
アジア代表コーカサス

No.083　コーカサスオオカブト / Chalcosoma chiron

ミツオシジミタテハ
ブラジル

昼下がりの
逃避行

Helicopis gnidus

九州大学総合研究博物館
Kyushu University Museum

九州大学
KYUSHU UNIVERSITY

No.084　ミツオシジミタテハ / *Helicopis gnidus*

昆虫標本

クジャクシジミ
ペルー / 1999.Sep

ネオン街の
孤独

Arcas imperialis

九州大学総合研究博物館
Kyushu University Museum

九州大学
KYUSHU UNIVERSITY

No.085　クジャクシジミ / *Arcas imperialis*

クモマツマキチョウ
ロシア / 1994.May.11

ロシアの春を告げる蝶

Anthocharis cardamines progressa

No.086　クモマツマキチョウ / *Anthocharis cardamines progressa*

昆虫標本

Agehana maraho

台湾の国蝶

フトオアゲハ
台湾

No.087　フトオアゲハ / *Agehana maraho*

ルリモンアゲハ
ジャワ島／1991.Oct
Papilio paris

羽の緑は
ジャワ島の森

No.088　ルリモンアゲハ / *Papilio paris*

昆虫標本

アマタツマアカシロチョウ
マダガスカル／1999.Aug

マダガ
スカルのモンキ
チョウ

Colotis calais

No.089　アマタツマアカシロチョウ / *Colotis calais*

リーフ・ビートルズ

ナンベイマルハムシ
ペルー / 2002.Oct

No.090　ナンベイマルハムシ / 不詳

ドウケヘリカメムシ
ペルー

レッドソックス

Anisoscelis sp.

No.091　ドウケヘリカメムシ / *Anisoscelis sp.*

青いイナズマ

Lexias dirtia

ディルティアオオイナヅマ
インドネシア シベルト島 / 1992.Nov.18

No.092　ディルティアオオイナヅマ / *Lexias dirtia*

65 | 昆虫標本

戦うためだけに生まれた虫

Corydalus sp.

オオキバヘビトンボ

No.093　オオキバヘビトンボ / *Corydalus* sp.

花を愛でる戦士

メタリフェルホソアカクワガタ
インドネシア／2005.Mar

Cyclommatus metallifer

No.094　メタリフェルホソアカクワガタ / *Cyclommatus metallifer*

コガシラクワガタ
チリ／1989

過剰適応
ーダーウィン

Chiasognathus granti

No.095　コガシラクワガタ / *Chiasognathus granti*

色々衣、七変化

Lamprima adolphinae

パプアキンイロクワガタ
パプアニューギニア / 1994.Jun

No.096　パプアキンイロクワガタ / *Lamprima adolphinae*

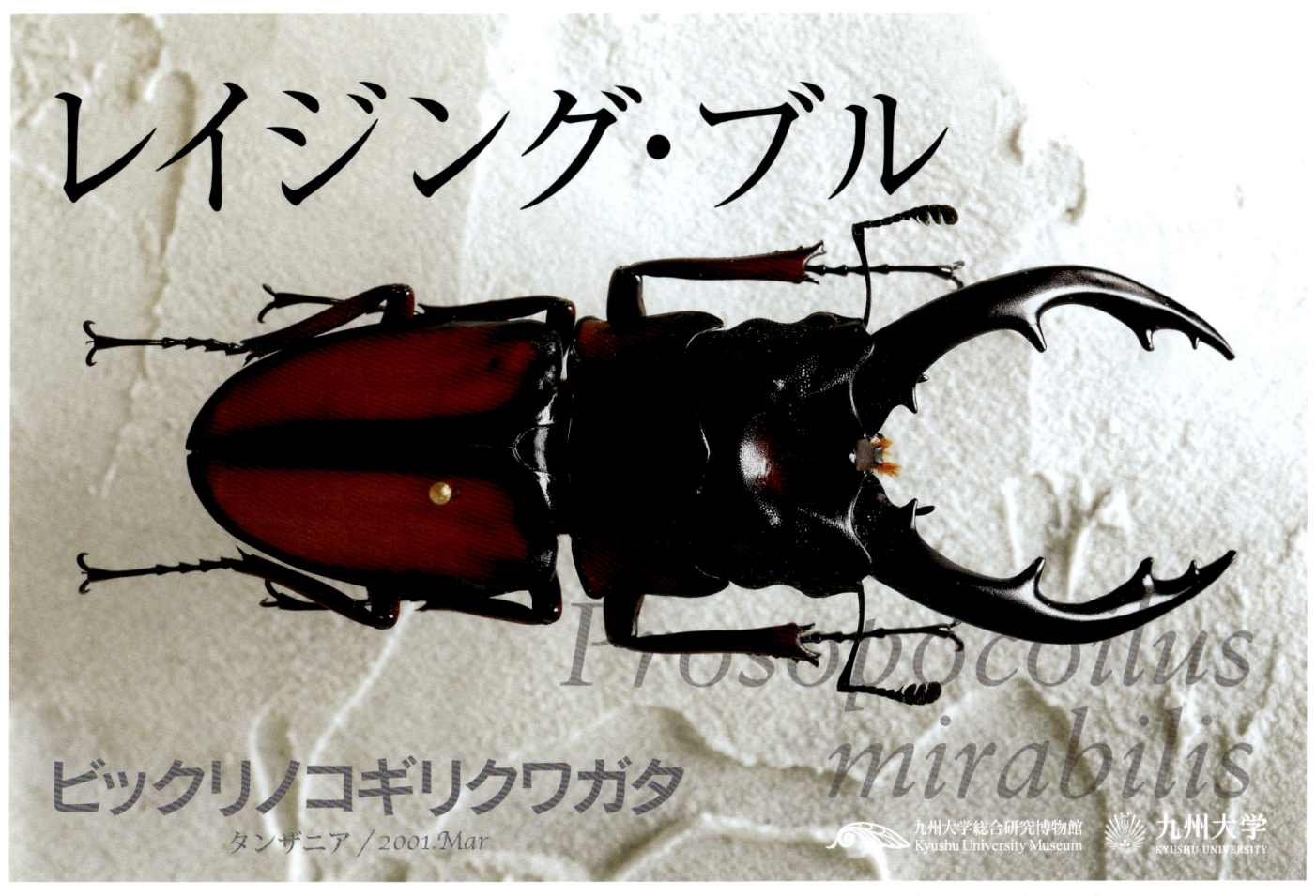

レイジング・ブル

Prosopocoilus mirabilis

ビックリノコギリクワガタ
タンザニア / 2001.Mar

No.097　ビックリノコギリクワガタ / *Prosopocoilus mirabilis*

世界最速の蝶

Agrias narcissus

ナルキッソスミイロタテハ
ブラジル

No.098　ナルキッソスミイロタテハ / *Agrias narcissus*

ツマベニチョウ
インドネシア / 1992.Sep

Hebomoia glaucippe vossi

幸せを呼ぶ蝶

No.099　ツマベニチョウ / *Hebomoia glaucippe vossi*

No.100　ヒュポキサンタカザリシロチョウ / *Delias hypoxantha*

No.101　トラフタテハ / *Parthenos sylvia*

ホウセキゾウムシ
1993.May / 1994.Mar
Eupholus spp.

森の宝石箱

No.102　ホウセキゾウムシ / *Eupholus* spp.

ナンベイオオズハンミョウ
2003.Aug

ハンターの眼を持つムシ
Megacephala sp.

No.103　ナンベイオオズハンミョウ / *Megacephala* sp.

風に舞うベルベット

インペラトリックスミナミヒョウモン
インドネシア ビアック島 / 1995

Cirrochroa imperatrix

No.104　インペラトリックスミナミヒョウモン / *Cirrochroa imperatrix*

昆虫標本

フウセンバッタ
南アフリカ / 2000.Dec

Bullacris sp.

音を奏でる風船虫

No.105　フウセンバッタ / *Bullacris sp.*

シラユキカナブン
アフリカ / 1992.Mar

花に潜るから、
ハナムグリ

Neoranzania splendcas petersiana

No.106 シラユキカナブン /*Ranzania splendens petersiana*

枯色羽織る
黄金虫

Anoplognathus grayanus

キベリゴウシュウスジコガネ
オーストラリア / 1988.Apr

No.107 キベリゴウシュウスジコガネ /*Anoplognathus grayanus*

巨人ゴリアテの名を冠す

Meceynorhina torquata

オオツノカナブン
アフリカ

No.108　オオツノカナブン / *Meceynorhina torquata*

昆虫標本

差し色コーデのお洒落さん

アカヘリエンマゴミムシ
タイ

Mouhotia batesi

No.109　アカヘリエンマゴミムシ / *Mouhotia batesi*

シャープで
モダンな
高嶺の花

ゴクラクトリバネアゲハ
ニューギニア / 2005.Aug

No.110　ゴクラクトリバネアゲハ / *Ornithopetra paradisea*

74

昆虫標本

スミナガシ
日本 長崎県 五島列島 / 2002.Jul.31

優雅に舞う
大和撫子

No.111　スミナガシ / *Dichorragia nesimachus*

南米の森に潜むミステリアス・レディ
Lyropteryx apollonia

No.112　イナヅマシジミタテハ / *Lyropteryx apollonia*

エレガンスな深窓の令嬢

オナガタイマイ *Graphium antiphates*

No.113　オナガタイマイ / *Graphium antiphates*

昆虫標本

パールキンカメムシ・フタイロキンカメムシ
スマトラ／1995・インドネシア アンボン島／1999. Jan

デコ・カメムシ

No.114　パールキンカメムシ・フタイロキンカメムシ / 不詳

Pepsis sp.

スパイダー・ハンター

ベッコウバチ
ブラジル／2003. Feb

No.115　ベッコウバチ / *Pepsis sp.*

シンジュタテハ
中央アフリカ共和国 / 1990

Protogoniomorpha parhassus

森の宝石

No.116　シンジュタテハ / *Protogoniomorpha parhassus*

シックな黒に真っ赤なルージュ

クロオオムラサキ
ベトナム / 2004.Jul

No.117　クロオオムラサキ / *Sasakia funebris*

昆虫標本

ツヤツユムシ
ペルー

羽が葉っぱで葉っぱが羽で

九州大学総合研究博物館　九州大学

No.118　ツヤツユムシ / 不詳

78

昆虫標本

カバシタアゲハ
Chilasa agestor
タイ / 2002.Mar.

夕暮れの
隙間を漂う小心者

九州大学総合研究博物館　九州大学

No.119　カバシタアゲハ / *Chilasa agestor*

ハンミョウ
日本 / 1997.Sep.14
Cicindela chinensis japonica

振り向く姿は
ミチシルベ

九州大学総合研究博物館　九州大学
Kyushu University Museum　KYUSHU UNIVERSITY

No.120　ハンミョウ /*Cicindela chinensis japonica*

昆虫標本

Morpho achilleana

青い羽には
秘密がたくさん

アキラエナモルフォ
ブラジル / 1991.Feb

九州大学総合研究博物館　九州大学
Kyushu University Museum　KYUSHU UNIVERSITY

No.121　アキラエナモルフォ / *Morpho achilleana*

カリスタカザリシロチョウ
ニューギニア

Delias callista

裏をめくれば極彩色

九州大学総合研究博物館　Kyushu University Museum　九州大学　KYUSHU UNIVERSITY

No.122　カリスタカザリシロチョウ / *Delias callista*

昆虫標本

セレリアエグリキノハタテハ
ボリビア / 1993

Memphis celeria

素顔の裏で、妖艶に笑う

No.123　セレリアエグリキノハタテハ / *Memphis celeria*

No.124　ヒイロタテハ / *Cymothoe sangaris*

No.125　エンヨオナガジャノメ / *Corades enyo*

ハゴロモ類のファッションショー
愛され系フェミニンスタイル

モモイロハゴロモ
マダガスカル / 1999.Aug

No.126　モモイロハゴロモ / 不詳

フチドリハゴロモ
スマトラ島 / 1998

ハゴロモ類のファッションショー
クール系コンサバスタイル

No.127　フチドリハゴロモ / 不詳

忍法葉隠レノ術

コノハムシ
Phyllinum pulchrifolium

No.128　コノハムシ / *Phyllinum pulchrifolium*

姿くらましの達人

コノハチョウ
インドネシア カリマンタン島 / 1992.Apr

Kallima inachus

No.129　コノハチョウ / *Kallima inachus*

コンイロナンベイヒゲナガハムシ
ペルー

青い毒に染まった宝石たち

No.130　コンイロナンベイヒゲナガハムシ / 不詳

皆が真似する毒の衣

Heliconius sp.

ドクチョウ
ペルー / 1990

No.131　ドクチョウ / *Heliconius sp.*

スジマネシジャノメ
Elymnias nesaea
1992.May.20

月夜にかすむ、偽りの毒

No.132　スジマネシジャノメ / *Elymnias nesaea*

ミイロムカシタマムシ
パプアニューギニア / 1991.Apr
Calodema ribbei

背中の黄色は危険のサイン

No.133　ミイロムカシタマムシ / *Calodema ribbei*

昆虫標本

メタリックブルーの複葉機

クロカワトンボ
フィリピン / 2002.May.21-23

No.134　クロカワトンボ / 不詳

アフリカンカラーのタテハチョウ
Palla publius

シロオビオナガタテハ
中央アフリカ共和国 / 2004.Jul

No.135　シロオビオナガタテハ / *Palla publius*

昆虫博士のお気にいり

コーカサスオオカブト
Chalcosoma chiron

採集地
東南アジア / Java

採集年
1995

子供のときから自分で採集したいと思っていた虫でした。初めてマレーシアにいったとき、独りで発電機を担いで、山の頂上に電灯をともし、そこに集まったこの虫を採集した感激は忘れようもありません。思い入れのある虫です。

昆虫標本

Facebook 人気標本 - 3

No.090　ナンベイマルハムシ

画面に、真ん丸でカラフルなハムシが6匹並んでいて綺麗な一枚になっています。可愛らしくも毒々しい色合いで、昆虫に詳しい方も詳しくない方も、目に楽しい昆虫です。

昆虫標本第一弾

No.108　オオツノカナブン

お洒落で可愛らしい色合いに、特徴的なフォルムが目を引く昆虫です。カナブンのイメージからは離れた、カブトムシのような可愛らしい見た目で、この昆虫は他より女性から多めに好まれた昆虫でした。

昆虫標本第二弾

昆虫博士のヒミツ

丸山 宗利
MARUYAMA Munetoshi

九州大学総合研究博物館
助教（昆虫学、動物学一般）

昆虫の新種を世に知らしめる

　私の研究対象はアリと共生する昆虫の分類学です。アリは身近な昆虫で、皆さんも子供のころに巣に水を流し込んだりして遊んだ記憶があると思います。そんなアリですが、その巣のなかにさまざまな別の昆虫が共生しています。

　アリとキリギリスの話しではありませんが、勤勉で常に巣内に栄養をため込むアリは、さまざまな昆虫にとって絶好の居候先なのです。日本だけでも数百種の昆虫がアリと共生しており、共生とはいってもその方法はさまざまで、アリになりきってアリの世話を受けるもの、巣の中にまぎれこんで、アリの幼虫をこっそり食べるもの、巣のなかのゴミを食べるものもいます。また、アリに甘い餌を与えることによって、アリからの保護を受けるものもいます。

　これらの生きものの存在は、学者にさえあまり知られていません。実際に私が研究を始めたころには、ほとんど手つかずの分野で、採集にでかけるたびに新種が採れるくらいでした。それで私の仕事は、それらの昆虫を新種として発表し、存在を世に知らしめることです。このような研究を分類学といい、これまでに発表した新種は120種ほどになります。

　最初は日本国内で調査をしていましたが、近頃では東南アジアの熱帯雨林をめぐって、調査をすすめています。日本でも新種ばかりでしたので、生物種の豊富な東南アジアではどうだろうと思っていましたが、予想していた以上に大発見の連続でした。今後も世界各地を旅するつもりです。

アリの巣のなかに住むハネカクシという甲虫

来て見て九大博物館

屈指の標本数 学生が車内ポスター

福岡市東区箱崎の九州大総合研究博物館が7月から、市内を走る西鉄バスの車内で所蔵品を紹介するオリジナルポスター約30枚の掲示を月替わりで始めた。開館13年目で、国内屈指の標本数を誇りながらも、「学生すら知る人が少ない」という現状を打開したいとのねらいだ。（大脇知子）

「紅白でめでたい色！」「この虫の名前は何？」
7月下旬、同区の九州産業大学内の写真スタジオで、九州大芸術工学研究院修士2年香月麻利さん（24＝デザイン学専攻）と研究生松岡紗央さん（22）が、9月に掲示するポスター制作へ向け、意見を交わしていた。この日は約10人が集まり、9月のポスター制作を進めていた。テーマは「昆虫」。傍らでは、特殊な白い箱の中にセットされた昆虫標本に、メンバーがカメラを向けていた。

博物館は2000年に設立。昆虫、鉱物、骨格の標本など国内トップクラスの計約750万点を所蔵しているが、11年度の入館者は3万2千人にとどまる。

多くの人の目にとまるポスターを作ろうと、竹田仰館長らに学生8人を交えたプロジェクトチームが結成されたのは2月頃から。分かりやすいキャッチコピーを添えるようにしている。鉱石を取り上げた7月は「曲がる石」「光る石」、8月は植物の「アガサ・クリスティが愛した毒」など、学生たちのセンスが光る。修士2年嶋田研人さん（25）は「見た目で分からない部分をコピーで表すよう心がけている」と話す。

来年2月までの予定。掲示するバスは、JR博多駅前－九大工学部（福岡市西区）間を市内計5路線を1日10便ある。竹田館長は「博物館と同時に『面白いことをやる大学だ』と知ってもらえたら」と期待を寄せている。

① 「植物」シリーズのポスターが張られたバス車内 ② 9月の「昆虫」シリーズの制作に向け、写真撮影などを進める学生ら

九大博物館「お宝」紹介 ミュージアムバス走る

九州大学総合研究博物館の所蔵品を写真で鑑賞できるミュージアムバスが福岡市内を走り始めた。博物館と西鉄が共同企画し、来年2月まで月替わりでテーマを決めてポスターを入れ替える。7月は鉱物だ。

バスは、博多駅前と九大工学部（西区）を結ぶ路線を中心に走る1台のみ。ふだんは広告が並ぶ窓上のスペースを借り、金鉱石、アメシスト（紫水晶）などのポスター27枚を展示した。「小判3枚分の金」といったキャッチコピーが添えられている。レイアウトとキャッチコピーは九大、写真撮影は九州産業大学の教員が手がけた。

今後の展示テーマは8月が昆虫、9月は植物の予定だ。竹田仰・九大総合研究博物館長は「全国一の規模を質を誇る所蔵資料の一端を知ってもらえたら」と話している。（田中啓介）

「走る博物館」運行開始　西鉄バス

西日本鉄道（福岡市）は、九州大学総合研究博物館の所蔵品を車内広告スペースに写したポスター27枚を掲示した「ミュージアムバス」の運行を福岡市内で始めた。来年2月までの運行で、JR博多駅前と九大工学部（同市西区）を結ぶ路線を中心に運行している。7月のテーマは「岩石」で、8月のテーマは「昆虫」、9月は「植物」の予定。

館のため、開館後も空き教室を間借りしている状態が続き、現在は旧工学部本館の1室に約200点を並べている。一般にも無料開放しているが、新たに建物を建設する予定の約200点を並べている。

竹田仰館長は「乗客のごく一部として人気を集めそうだ。『都心の走る博物館』として人気を集めそうだ。竹田仰館長は「乗客のごく一部として人気を集めそうだ。日本一の質を誇る資料の一部を見てほしい」と話している。

「始皇帝とともに眠る石」など、分かりやすい説明を付けた。説明は短くキャッチコピー風にした。

ポスターで九州大学総合研究博物館の所蔵品を紹介する西日本鉄道の「ミュージアムバス」

各誌面に取り上げられた九大ミュージアムバス。
朝日新聞7月2日掲載（右上）、産経新聞7月13日掲載（右下）、読売新聞6月28日掲載（左）。

テレビと新聞の取材を受けました！

九大ミュージアムバスは、各新聞社・テレビ局からの取材を受けることが出来ました。会議風景や、ポスターの張り替えなどいつどこでテレビに映るのかと思うとドキドキ。皆少し緊張していた姿が面白かったです。実際に新聞やテレビに映った自分達を見ると、嬉しいような気恥ずかしいような感じでしたが、過密スケジュールの中でも、このプロジェクトにかかわることが出来て良かったと実感することが出来ました。

ニュース番組「TNCスーパーニュース」で放送された時の映像。

考古学資料

　九州大学には、1万点を超える考古学資料や、3000体を越える古人骨資料が4つの部局（総合研究博物館・比較社会文化研究院・人文科学研究院・埋蔵文化財調査室）に収蔵されています。考古学資料の年代は旧石器時代から近現代までを広くカバーし、出土地域は日本列島を中心にしつつも東アジア・ヨーロッパ・アフリカに及びます。国指定重要文化財、福岡市指定文化財もあります。古人骨資料は西日本中心ですが、質・量ともに日本有数で、日本人起源論の基礎資料です。考古学資料・古人骨資料ともに、たゆまない調査研究によって今も増え続けています。

　今回の撮影では、皆さんに眼で見て楽しんで頂けるように、魅力的・奇抜な形態や色彩の品物を選びました。素材は石器・玉器・土器・青銅器があり、用途も様々です。年代は紀元前6、7世紀から近代に及び、日本列島だけでなく韓国・中国・パキスタンの各地から収集したものです。出土遺跡・出土状況の判る学術的価値が高い資料がほとんどです。

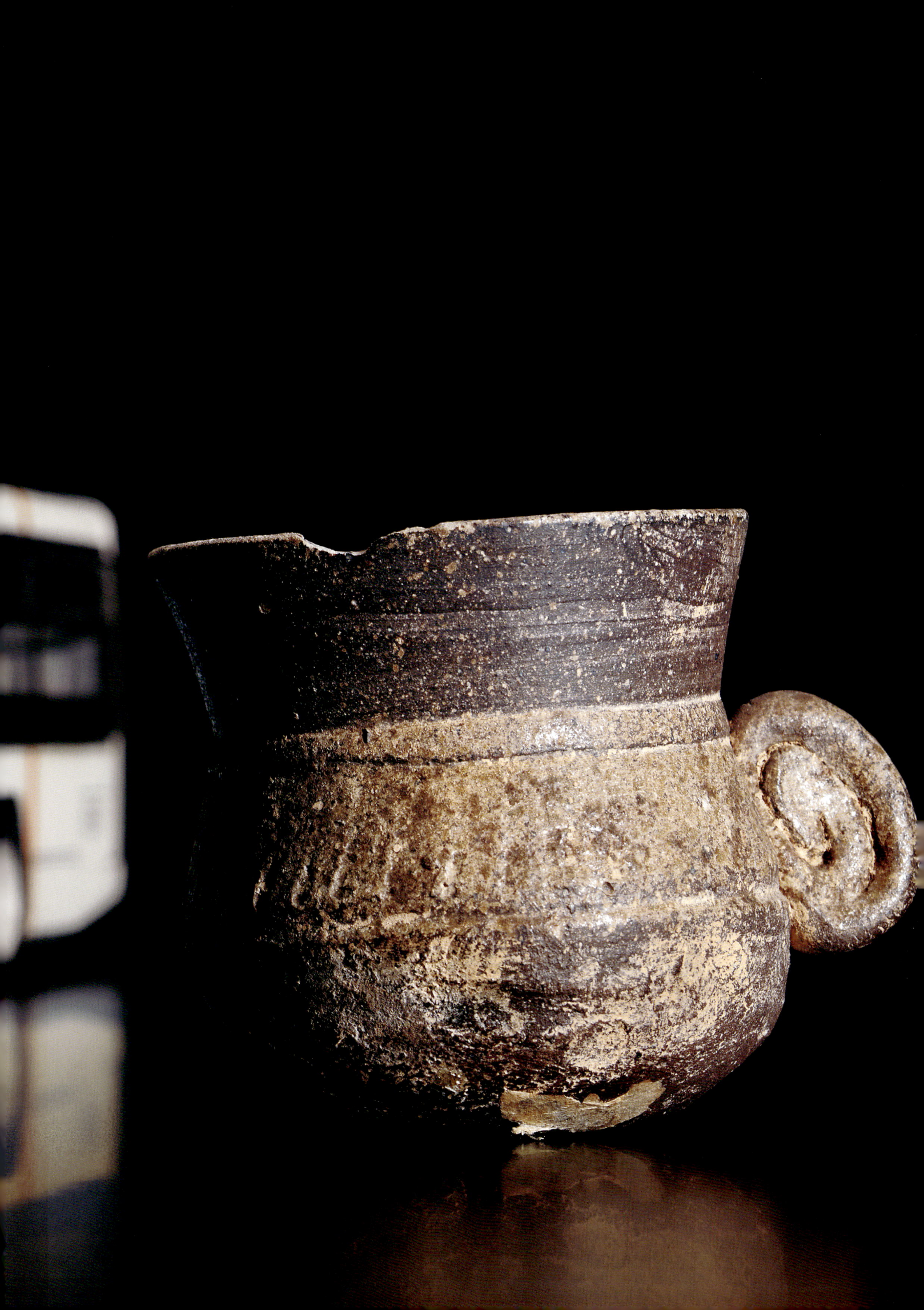

死者と共に眠る宝玉

勾玉
3世紀後半〜6世紀前半／福岡県・筑紫野市

九州大学総合研究博物館　九州大学

No.136　勾玉／まがたま

御統の珠

管玉
3世紀後半〜6世紀前半／福岡県・筑紫野市

九州大学総合研究博物館　九州大学

No.137　管玉／くだたま

2000年前のガラス

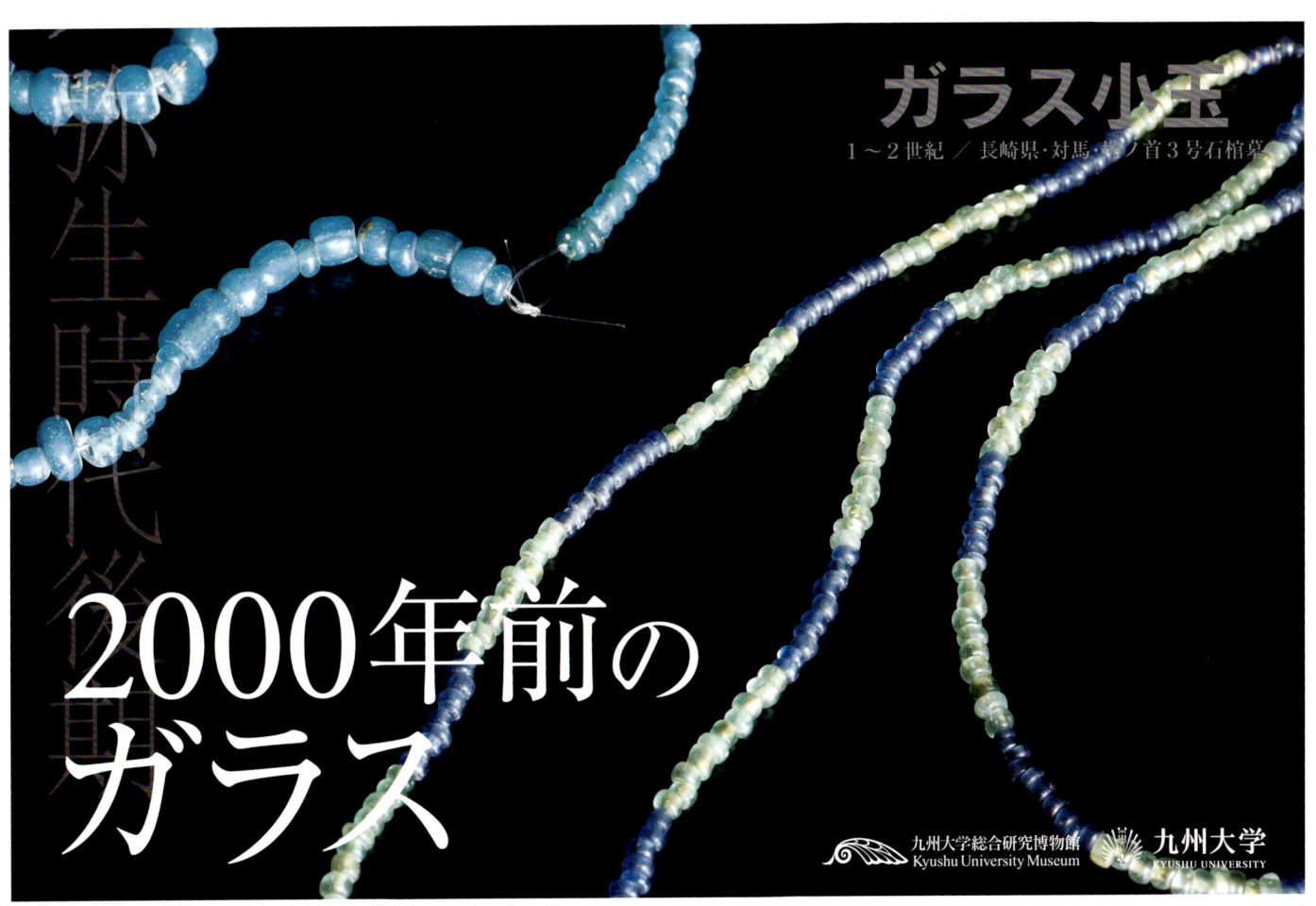

ガラス小玉
1〜2世紀／長崎県・対馬・鶏ノ首3号石棺墓

弥生時代後期

No.138　ガラス小玉／がらすこだま

古のカップ

把手付坏（陶質土器）
5世紀／韓国・慶尚南道・伽耶王城址

No.139　把手付坏（陶質土器）／とってつきつき（とうしつどき）

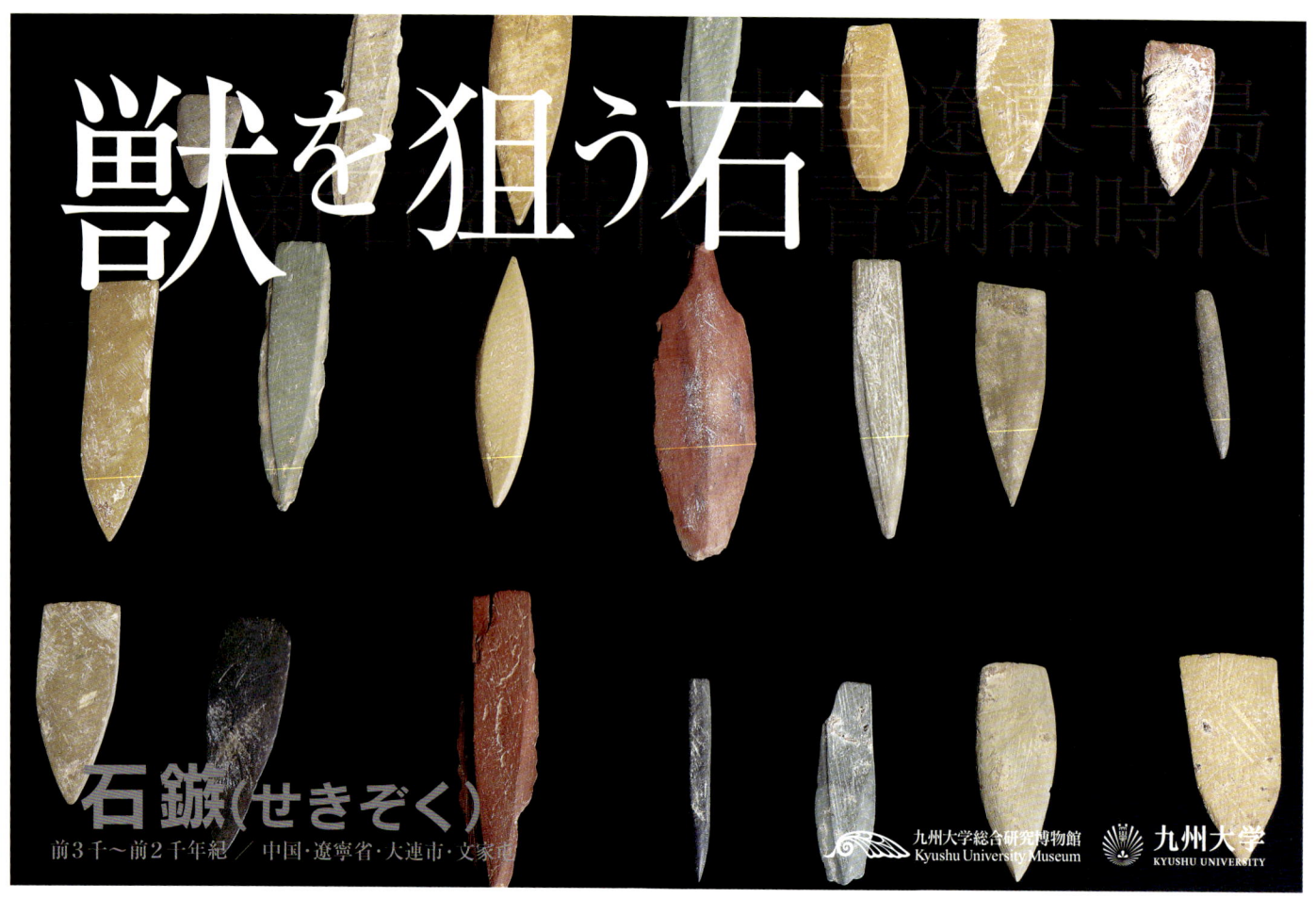

No.140　石鏃／せきぞく

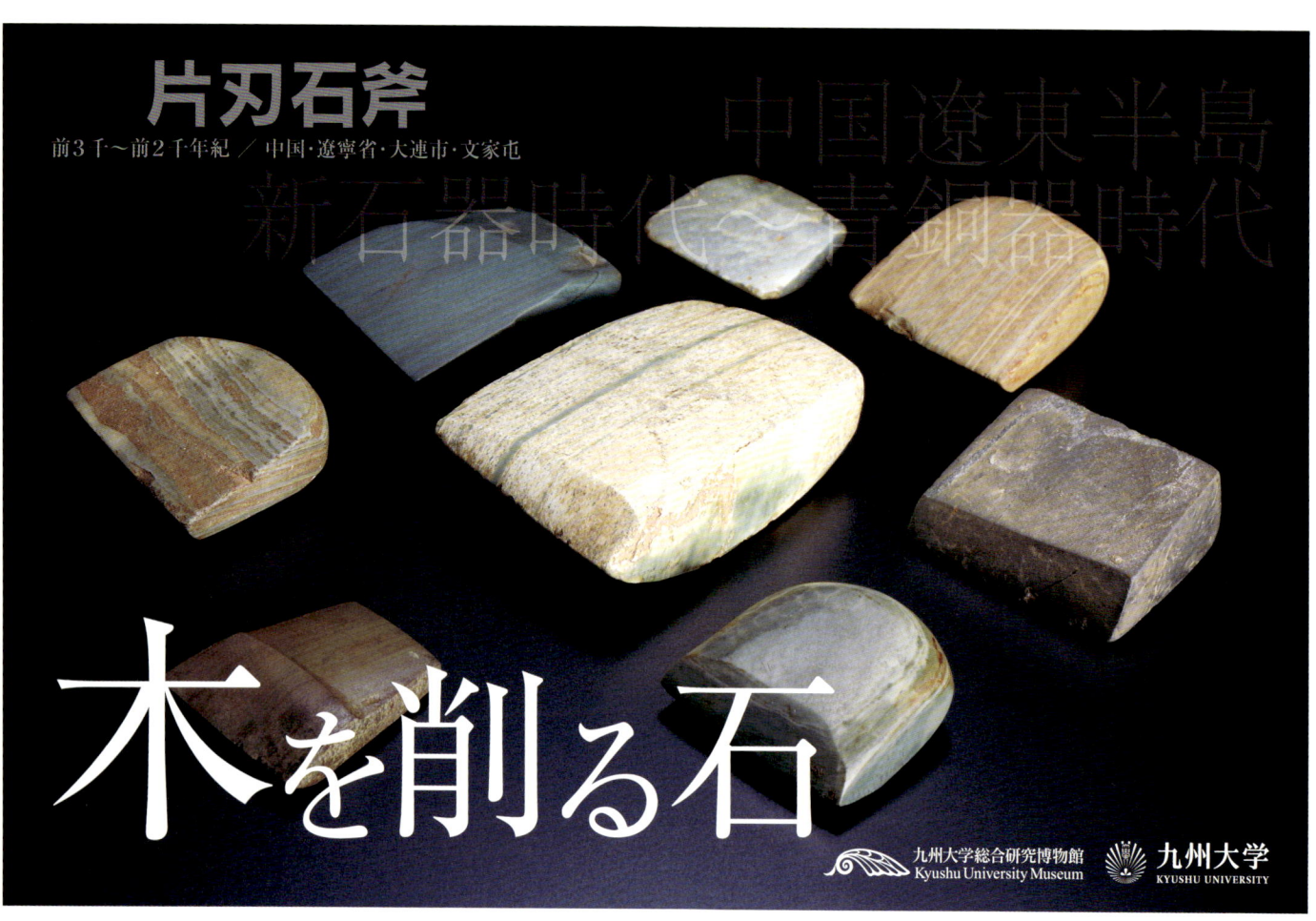

考古学資料

No.141　片刃石斧／かたばせきふ

縄目はないけど縄文土器

深鉢（縄文土器）
前2～前1世紀半ば／長崎県・島原市・礫石原遺跡

縄文時代晩期

九州大学総合研究博物館　九州大学

No.142　深鉢（縄文土器）／ふかばち（じょうもんどき）

祈りの赤い土器

台付壺（弥生式土器）
前1世紀／福岡県・筑紫野市・永岡遺跡

弥生時代中期

九州大学総合研究博物館　九州大学

No.143　台付壺（弥生式土器）／だいつきつぼ（やよいしきどき）

三彩俑（さんさいよう）
19世紀以降／不明

あの世まで、お供致します

中国・清代後半～現代

九州大学総合研究博物館
Kyushu University Museum
九州大学
KYUSHU UNIVERSITY

No.144　三彩俑／さんさいよう

加彩女子立俑（唐三彩）
7世紀／不明

あの世まで、お供しますの

中国・唐代

九州大学総合研究博物館
Kyushu University Museum
九州大学
KYUSHU UNIVERSITY

No.145　加彩女子立俑（唐三彩）／かさいじょしりつよう（とうさんさい）

中国・春秋時代

古代中国の権力の象徴

青銅鼎
前7〜前6世紀／不明

九州大学総合研究博物館　九州大学

No.146　青銅鼎／せいどうかなえ

中国戦国時代

青銅戈（せいどうか）
前5〜4世紀／不明

逆さにすれば和平のしるし

九州大学総合研究博物館　九州大学

No.147　青銅戈／せいどうか

お鍋のご先祖様

鬲
前2千年紀／不明

中国・青銅器時代

九州大学総合研究博物館　九州大学

No.148　鬲／れき

水鳥形𤭯（はそう）
5世紀末／福岡県・苅田町・番塚古墳

古墳時代

鳥と器のハイブリッド

九州大学総合研究博物館　九州大学

No.149　水鳥形𤭯／みずとりがたはそう

中国の名窯 龍泉窯の器

青磁椀(龍泉窯系)
中国・南宋時代
12〜13世紀／博多湾

No.150　青磁椀(龍泉窯系)／せいじわん(りゅうぜんようけい)

それぞれの青を求めて

青磁椀(龍泉窯系)
中国 南宋時代
13世紀／博多湾

No.151　青磁椀(龍泉窯系)／せいじわん(りゅうぜんようけい)

奈良時代、異邦人を出迎えた

軒平瓦（鴻臚館式）
8世紀／福岡市・中央区・鴻臚館跡

No.152　軒平瓦（鴻臚館式）／のきひらがわら（こうろかんしき）

軒丸瓦
8世紀／福岡県・上毛町・垂水廃寺

蓮華の瓦

No.153　軒丸瓦／のきまるがわら

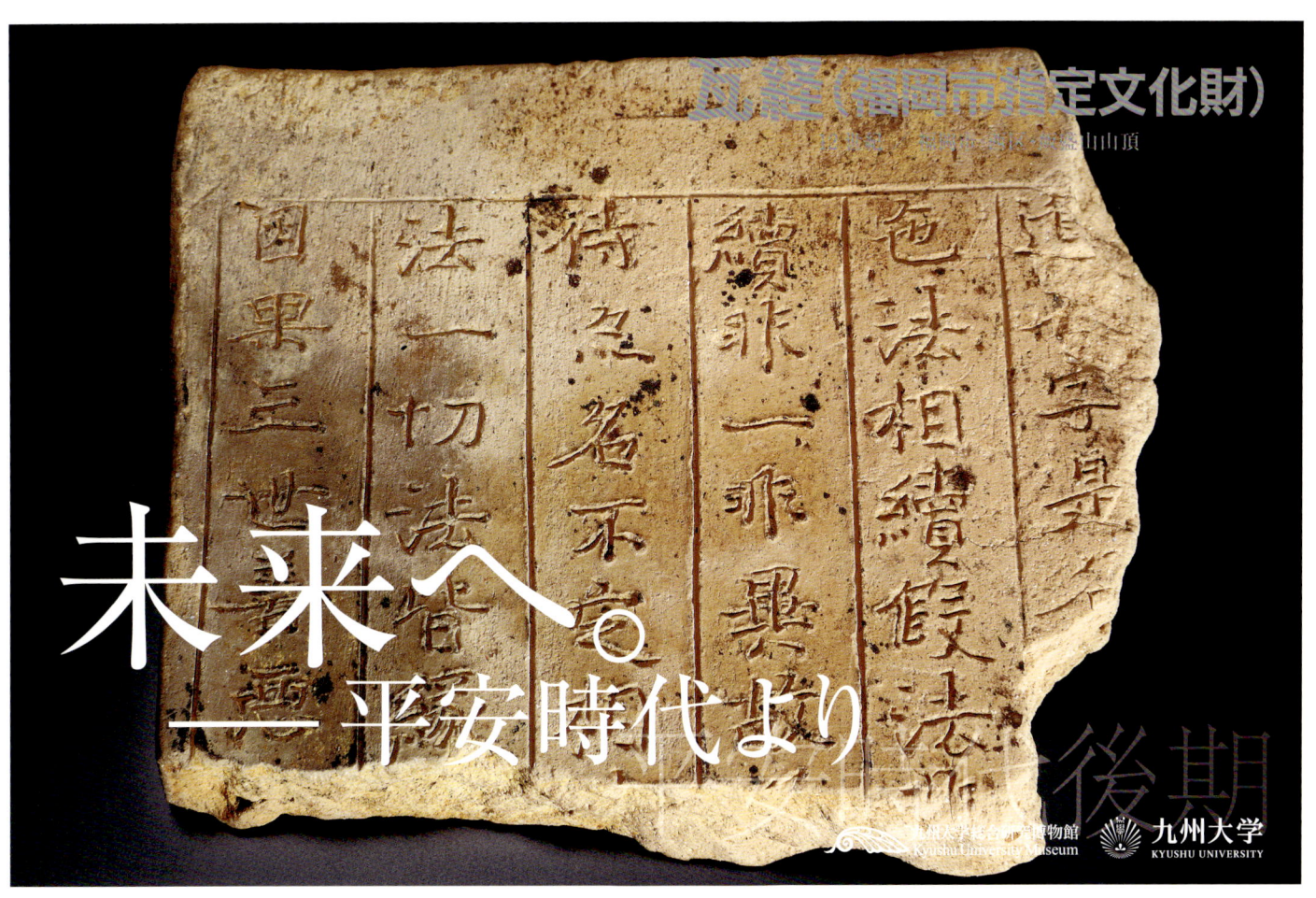

No.154　瓦経／がきょう

No.155　ガンダーラ仏頭／がんだーらぶっとう

弥生時代前期 雨を乞い、

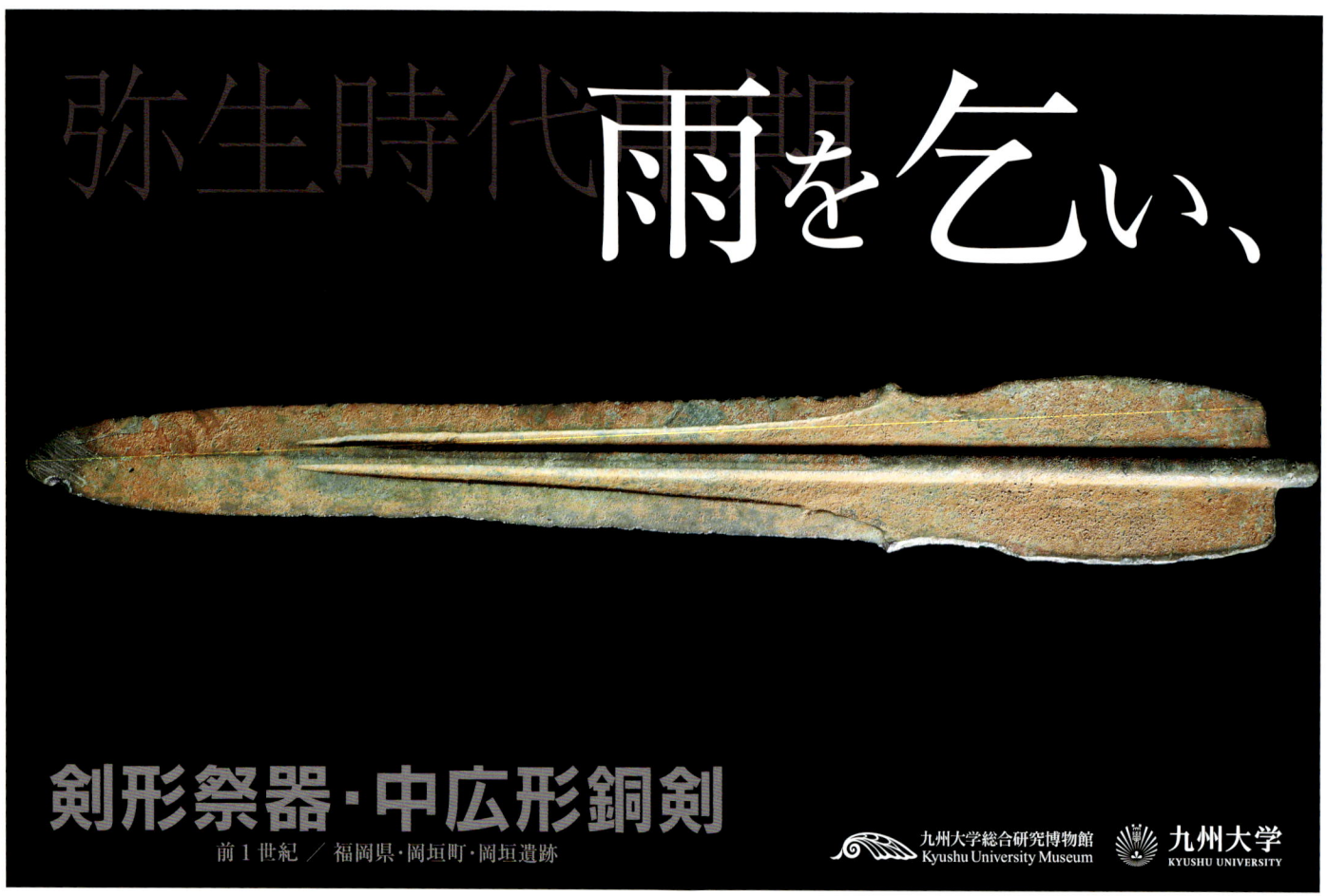

剣形祭器・中広形銅剣
前1世紀／福岡県・岡垣町・岡垣遺跡

No.156　剣形祭器・中広形銅剣／けんがたさいき・なかひろがたどうけん

弥生時代後期 海の神に捧ぐ

矛形祭器・広形銅矛（福岡市指定文化財）
2世紀／福岡市・西区・唐泊後浜

No.157　矛形祭器・広形銅矛／ほこがたさいき・ひろがたどうほこ

実りを祈る

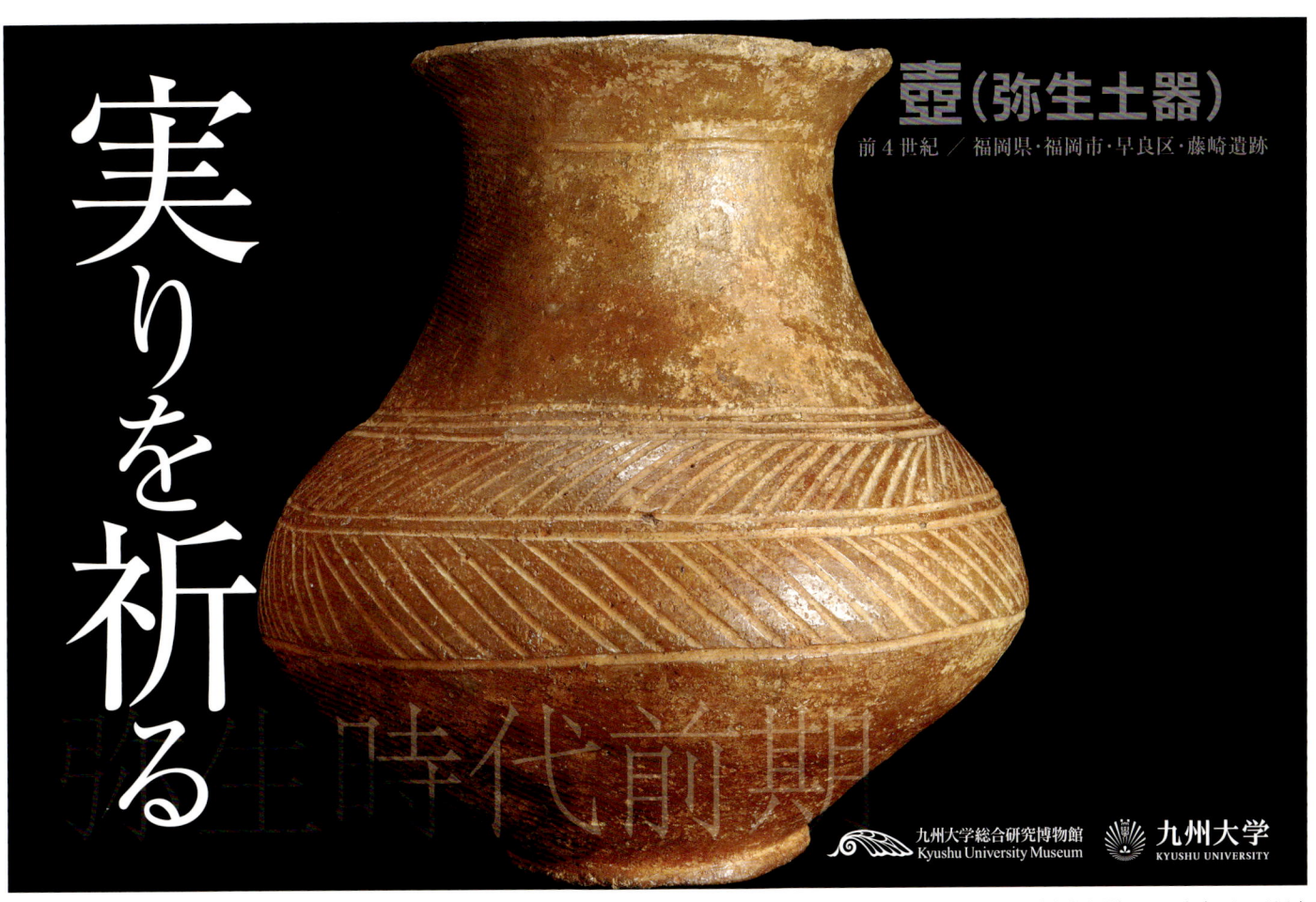

弥生時代前期

壺（弥生土器）
前4世紀／福岡県・福岡市・早良区・藤崎遺跡

No.158　壺（弥生土器）／つぼ（やよいどき）

六品盛り

古墳時代後期

子持器台（須恵器）
6世紀／不明

No.159　子持器台（須恵器）／こもちきだい（すえき）

古代宇宙を映す鏡

方格規矩四神鏡
1世紀／不明

中国・後漢時代

No.160　方格規矩四神鏡／ほうかくきく・ししんきょう

理想郷を映す鏡

画文帯環状乳神獣鏡
3世紀後半〜7世紀半ば／不明

古墳時代

No.161　画文帯環状乳神獣鏡／がもんたい・かんじょうにゅう・しんじゅうきょう

津田薩摩守と銘打って

柄鏡
17〜19世紀／不明

No.162　柄鏡／えかがみ

考古学博士のお気にいり

剣形祭器・中広形銅剣
けんがたさいき・なかひろがたどうけん

時代
弥生時代中期

出土地
福岡県岡垣町、岡垣遺跡

今から38年前、考古学研究室の学生だった時に実測した1点で、卒論でこの資料に基づき「中広形銅剣」という型式を設定した、いわば「タイプ標本」であり、九州の弥生時代銅剣形祭器の最終到達点です。福岡県岡垣遺跡で中細形銅矛・中細形銅戈と一緒に出土した学術的意義もさることながら、先祖である細形銅剣の形態的特徴を濃厚に留めながらも細部で儀器化が進んだ玄人好みの逸品でしょう。

骨格博士のヒミツ

舟橋 京子
FUNAHASHI Kyoko

九州大学総合研究博物館
助教（人骨考古学）

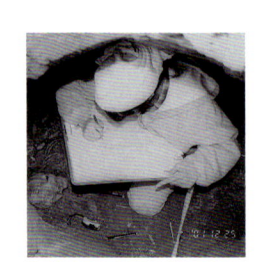

過去の社会を解き明かす

　九州大学には考古資料の1つである古人骨が多く収蔵されています。今回の企画では、沢山の方に楽しんでもらうために、人によっては恐怖心を持たれる古人骨の出番は残念ながらありませんでした。そこで、ここではご挨拶代わりに私の研究と学内に収蔵されている古人骨資料について少し紹介させていただきたいと思います。

　私の研究は、人骨考古学という人の骨とその考古学的情報からから過去の社会を解き明かすことです。私が主に研究している対象の1つとして、古人骨に見られる抜歯風習があります。多くの社会には人の人生という一続きの時間を複数の段階に区切るという考え方があります。簡単な例では、「オトナ」と「コドモ」です。この人生の異なる段階への移行の際に必要とされるのが「通過儀礼」であり、民族事例などから「重要視される儀礼」「儀礼の際に強調される社会集団」は社会により異なると予想されます。この観点から古人骨にみられる抜歯風習を主な対象として分析を行った結果、通過儀礼と社会組織の時間的・空間的変容が密接に結びついていることを明らかにしています（舟橋2010『抜歯風習と社会集団』すいれん舎）。

　古人骨を用いた研究は、膨大な古人骨を実際に観察して初めて可能になります。この研究のために国内外の大学・博物館で人骨を沢山調査させていただきました。九州大学に収蔵されている古人骨資料もその1つで、収蔵個体数は3000体を越えます。これらの資料は1950年代以降現在に至るまで、医学部解剖学第2講座・九州文化史研究施設比較考古学部門・比較社会文化研究院で発掘調査・収集された資料です。現在は、伊都キャンパスの比較社会文化研究院基層構造講座と箱崎キャンパスの総合研究博物館の2カ所に分かれて収蔵されております。これらの資料は『倭人の形成』『先史・古代の親族関係』といった学史に残る研究を生み出してきただけではなく、これからの新しい研究の可能性をも秘めているのです。

古人骨展示室です。
年に数回公開しています。

段ボール製の
キャビネットの中で
3000体を越える人骨が
静かに眠っています。

バビルサ

己の死を見つめる獣

九州大学総合研究博物館
Kyushu University Museum

九州大学
KYUSHU UNIVERSITY

餌、待ってます

アンコウ

九州大学総合研究博物館
Kyushu University Museum

九州大学
KYUSHU UNIVERSITY

考古学資料

工作機械

　九州大学旧工学部知能機械実習工場には、ものづくりに使用される歴史的工作機械が保存されています。ほとんどの工作機械は、1911年から1928年にかけて、イギリスおよびアメリカから購入されたものです。

　1911年、九州大学設立時にイギリスより購入された空気ハンマ は、2011年に百周年を迎えました。1970年頃から1975年頃にかけ、段車駆動の工作機械はモータ駆動に変えられました。旋盤は、当時のままの状態で保存されています。空気ハンマ、ラジアルボール盤、横フライス盤、形削り盤及び中ぐり盤は、2005年の伊都キャンパスへの移転まで使用されていました。歯車形削り盤を含め、まだ使用可能な状態です。

　現在の工作機械は、NC（数値制御）化、高速化、高精度化し大量生産に適していますが、歴史的工作機械でもものづくりに関し大きな問題はありません。

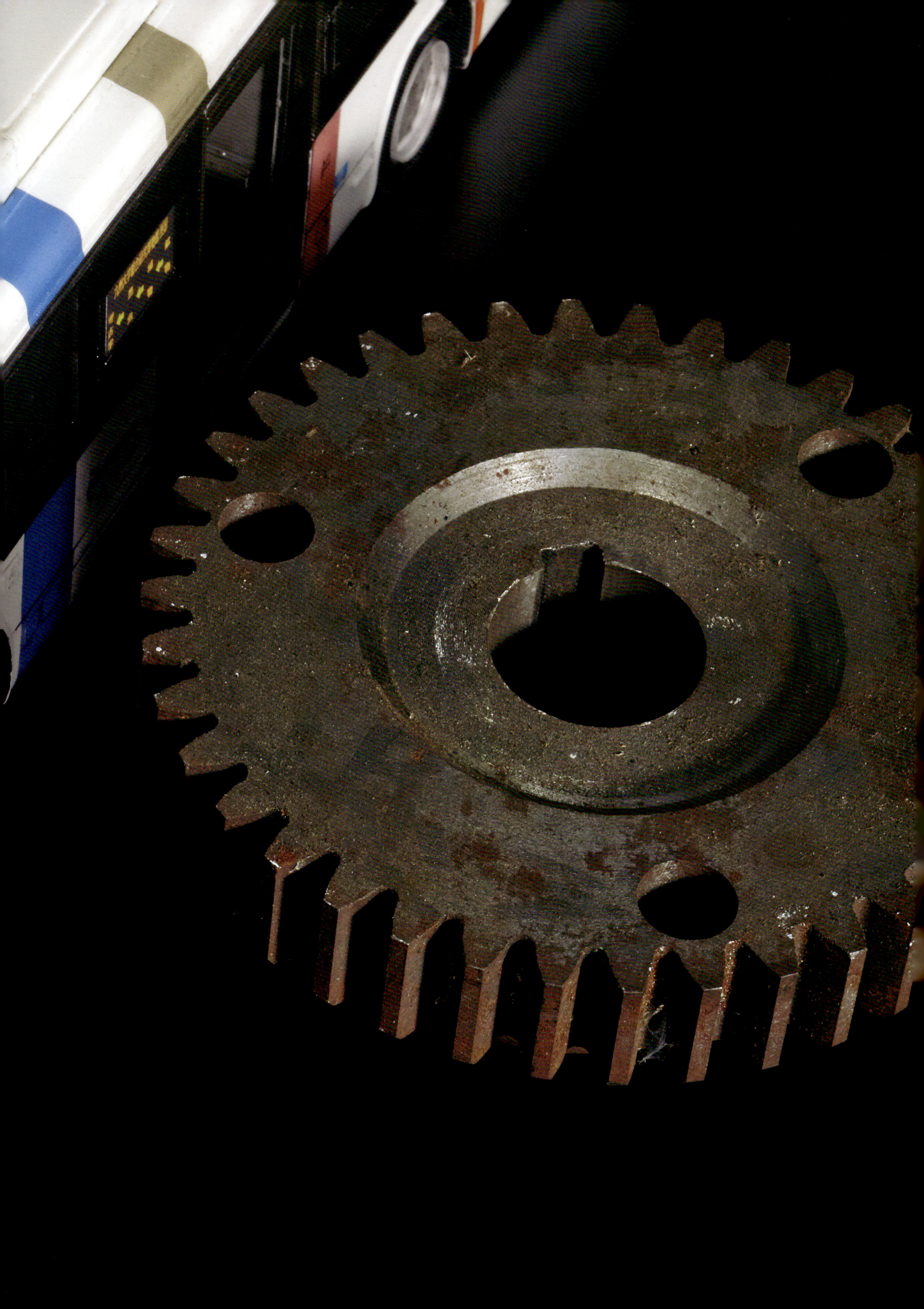

九州大学総合研究博物館所蔵 旧工学部歴史的工作機械類

No.163　全体俯瞰

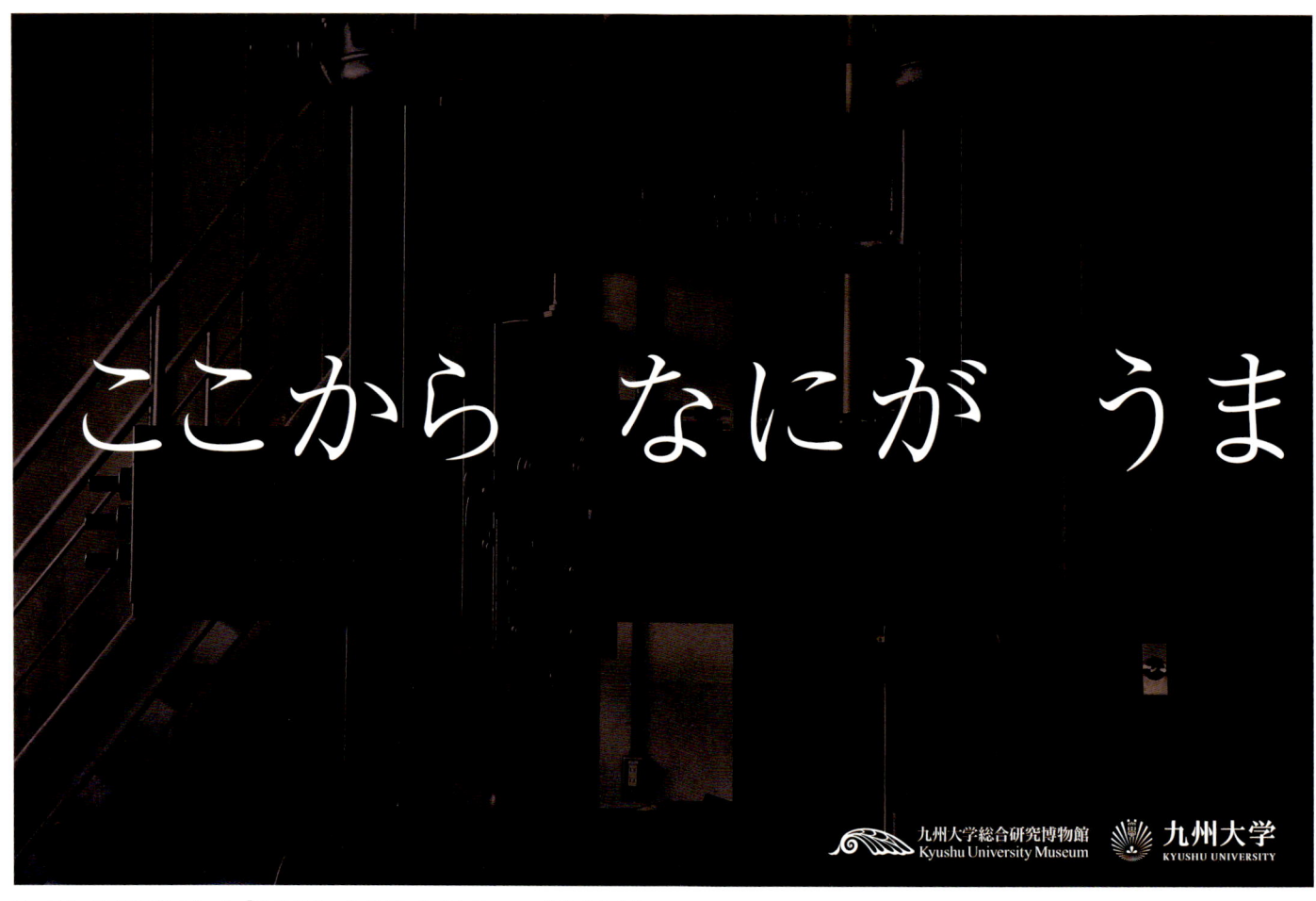

ここから　なにが　うま

No.164　工作機械コピーⅠ「ここから　なにが　うまれて　いったのだろう」

旋　盤 *Lathe*　外丸削り、中ぐり、突切り、正面削り、ねじ切り

No.165　旋盤Ⅰ / Lathe Ⅰ

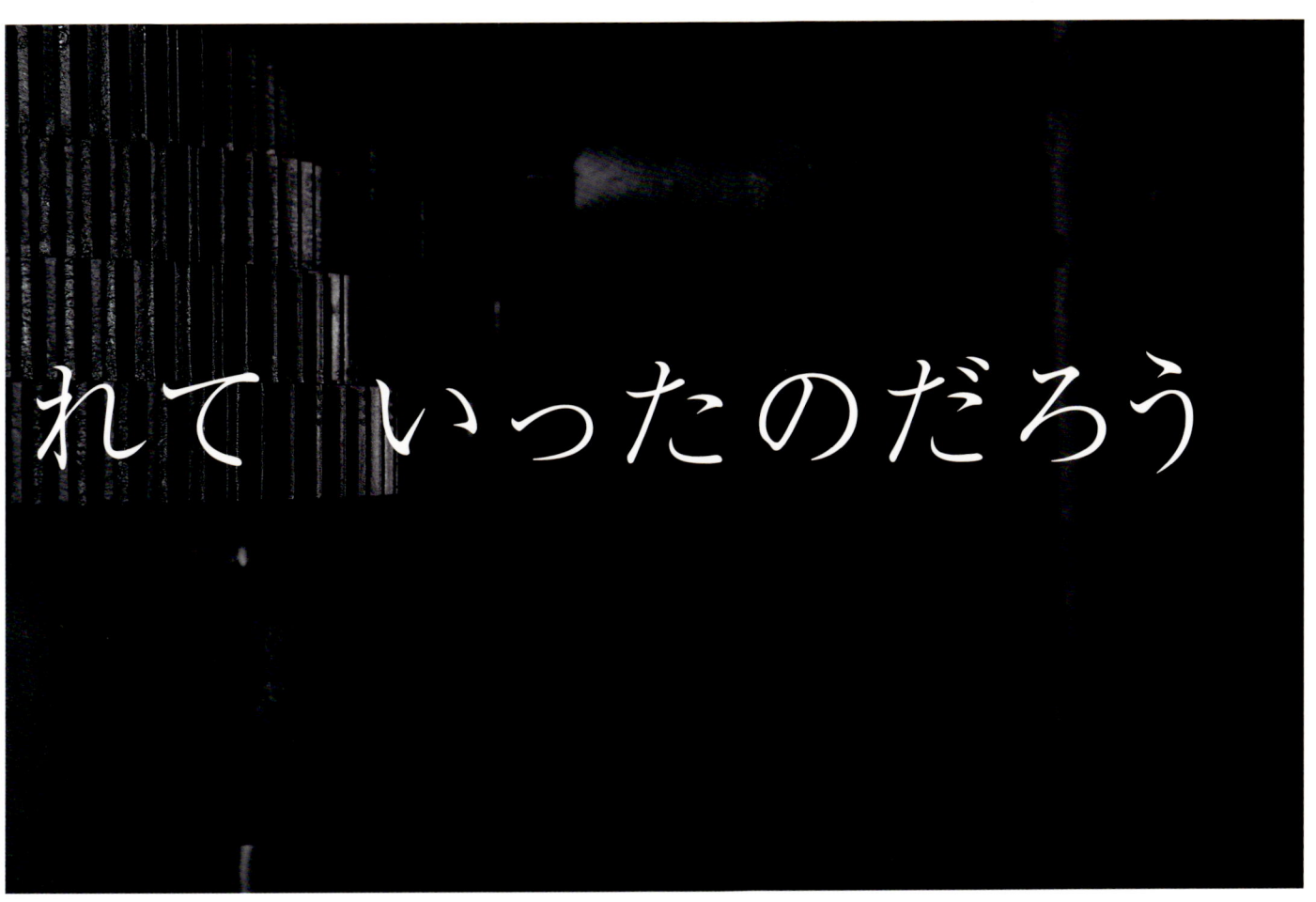

111

工作機械

れて　いったのだろう

No.166　工作機械コピーⅠ「ここから　なにが　うまれて　いったのだろう」

No.167　工作機械コピーⅡ「百　年　駆　動」

No.168　旋盤Ⅱ-a / LatheⅡ-a

旋 盤 *Lathe* 外丸削り、中ぐり、突切り、正面削り、ねじ切り
The Sebastian Lathe Co. / U.S.A., Cincinnati, Ohi / 1912.09.17 -

No.169　旋盤Ⅱ-b / LatheⅡ-b

旋 盤 *Lathe* 外丸削り、中ぐり、突切り、正面削り、ねじ切り
The Sebastian Lathe Co. / U.S.A., Cincinnati, Ohi / 1912.09.17 -

No.170　旋盤Ⅱ-c / LatheⅡ-c

工作機械

No.171　横フライス盤-a / Horizontal Milling machine-a

No.172　横フライス盤-b / Horizontal Milling machine-b

横フライス盤 *Horizontal Milling machine*　　平面加工、溝加工
Brown & Sharp MFG.Co., / U.S.A., Providence, R.I. / - 2005.06

九州大学総合研究博物館　Kyushu University Museum
九州大学　KYUSHU UNIVERSITY

No.173　横フライス盤-c / Horizontal Milling machine-c

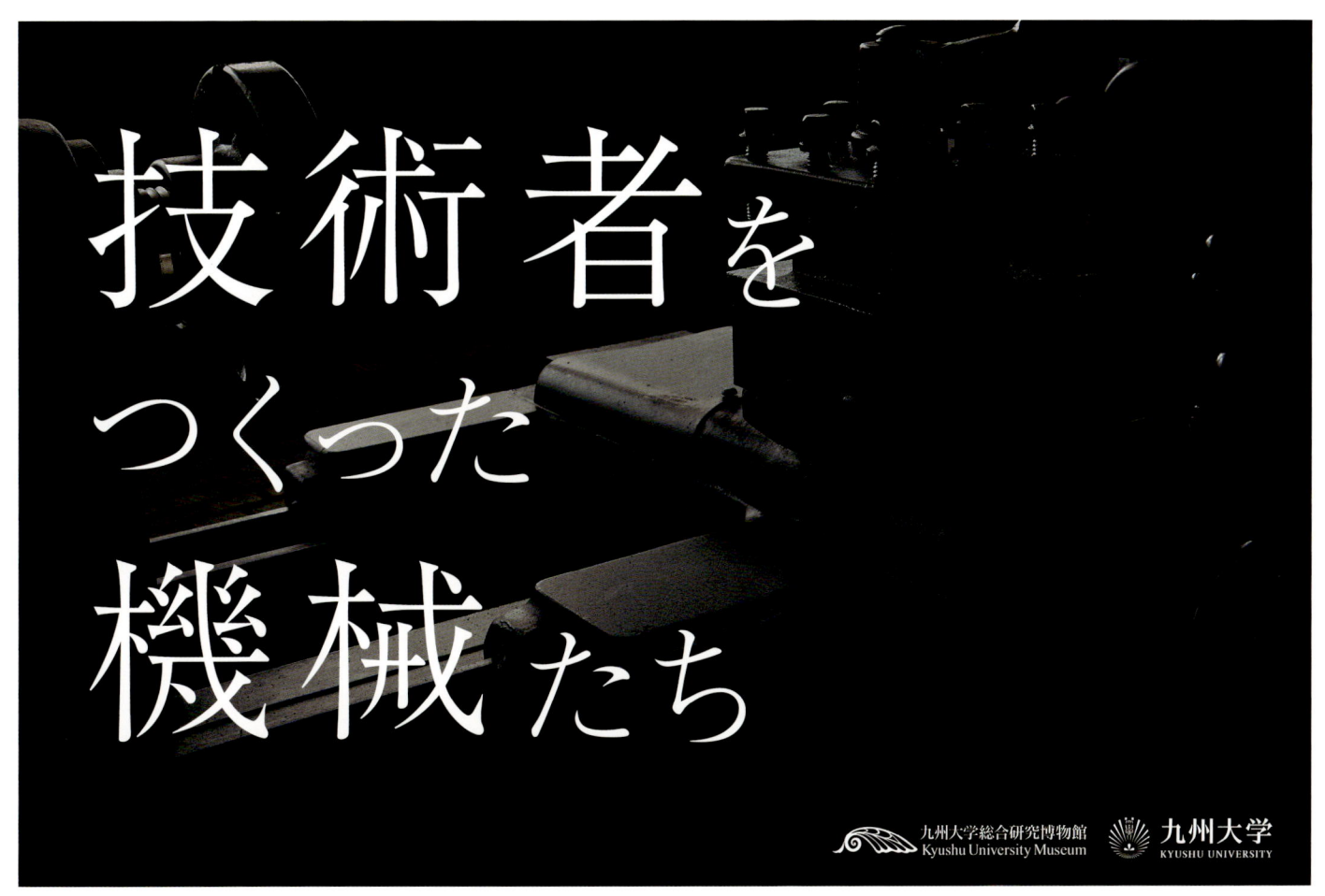

工作機械

技術者をつくった機械たち

九州大学総合研究博物館　Kyushu University Museum
九州大学　KYUSHU UNIVERSITY

No.174　工作機械コピーⅢ「技術者をつくった機械たち」

No.175　ラジアルボール盤-a / Radialdrilling machine-a

工作機械

No.176　ラジアルボール盤-b / Radialdrilling machine-b

No.177 中ぐり盤 II-a / Boring machine II-a

No.178 中ぐり盤 II-b / Boring machine II-b

No.179　歯車形削り盤-a / Gear shaper-a

No.180　歯車形削り盤-b / Gear shaper-b

歯車形削り盤 *Gear shaper* 歯車歯面の仕上げ加工
The Fellows Gear Shaper Co. / U.S.A., Springfield, Vermont / 1921.02.10

No.181　歯車形削り盤-c / Gear shaper-c

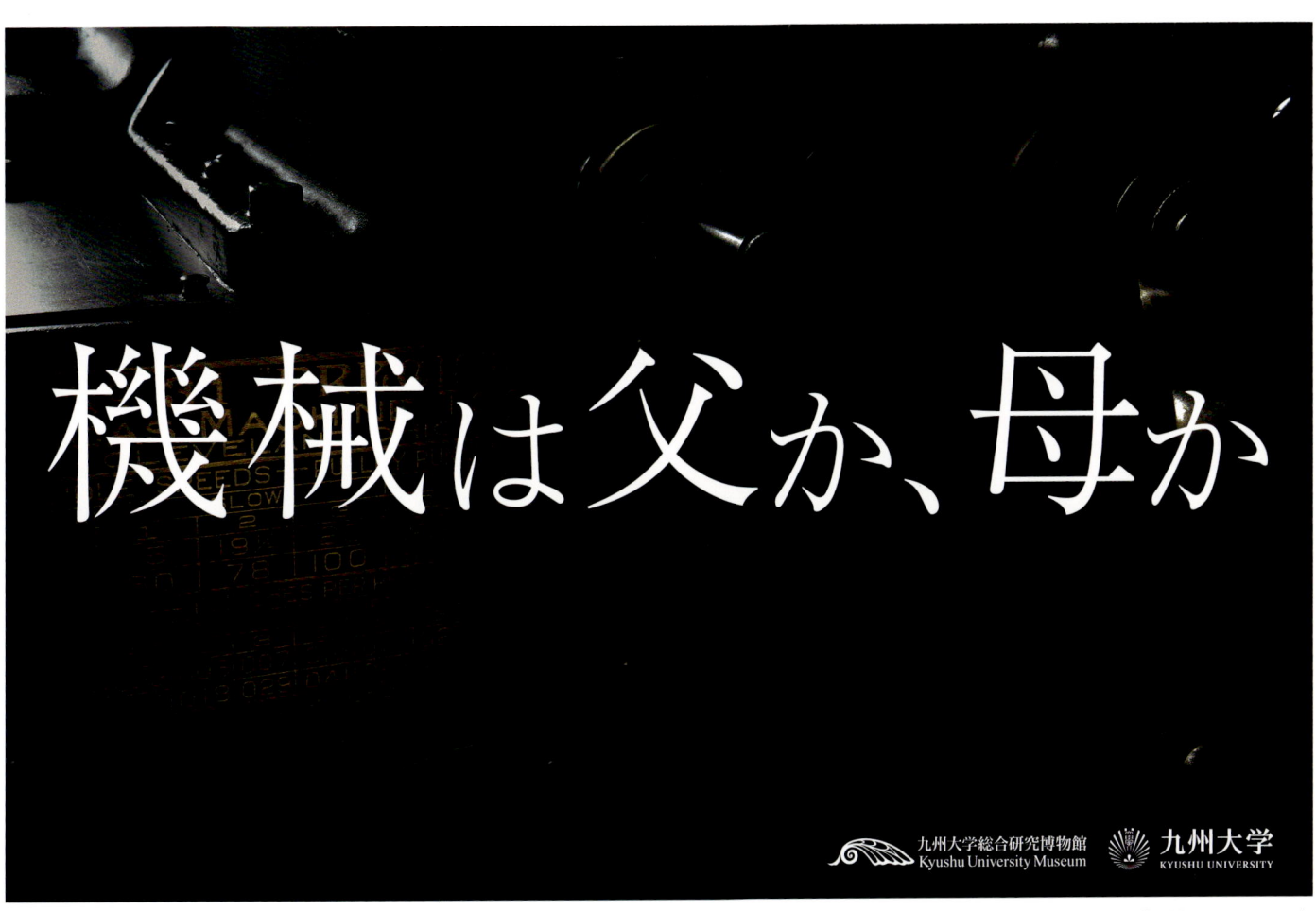

工作機械

機械は父か、母か

No.182　工作機械コピーⅣ「機械は父か、母か」

No.183　形削り盤Ⅰ-a / ShaperⅠ-a

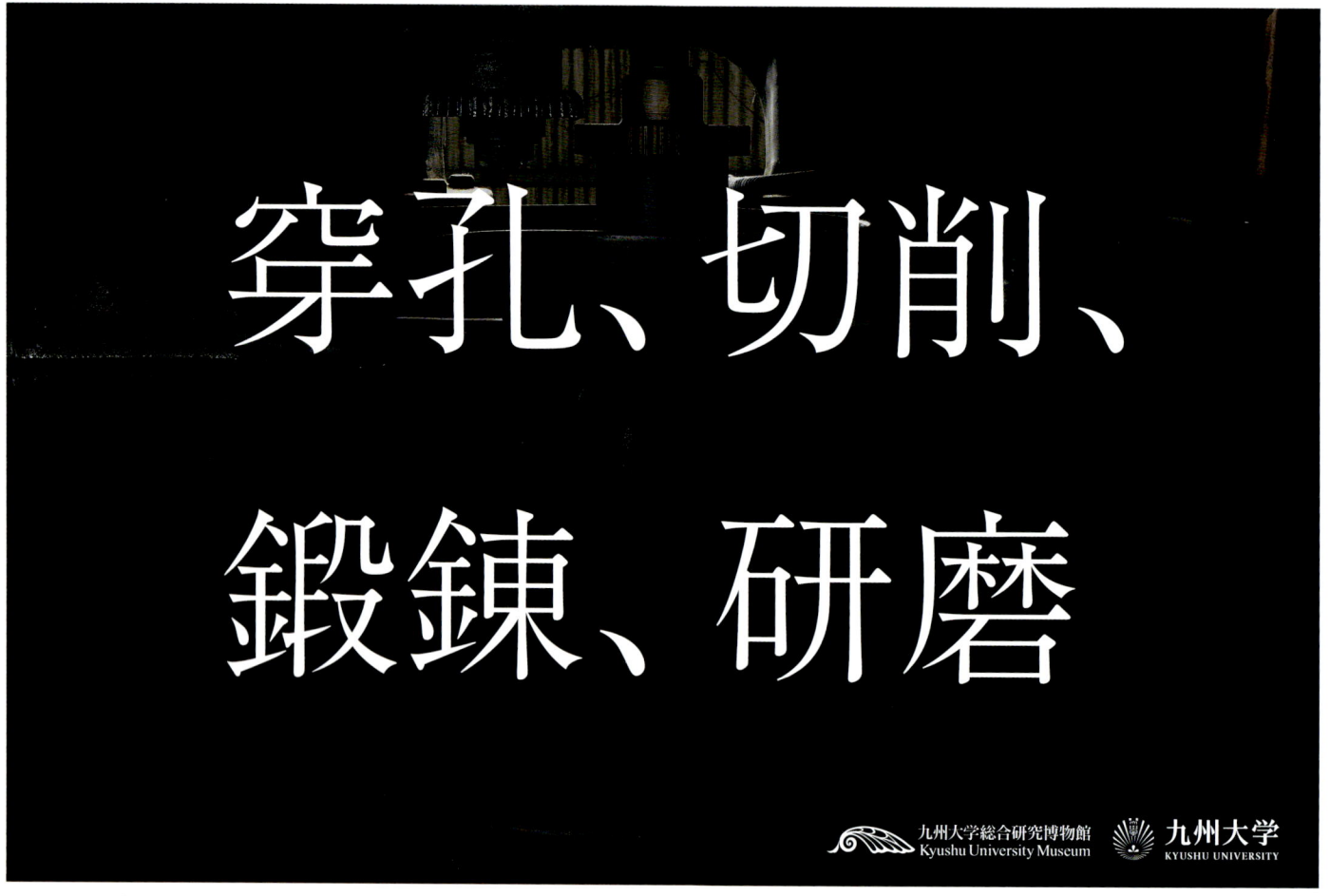

工作機械

No.184　工作機械コピーⅤ「穿孔、切削、鍛錬、研磨」

形削り盤 *Shaper* 小形部品平面加工
Potter&Johnston Mach Co. / U.S.A., Pawtucket, R.I. / 1928.09.28 -

No.185　形削り盤 I -b / Shaper I -b

工作機械

形削り盤 *Shaper* 小形部品平面加工
Potter&Johnston Mach Co. / U.S.A., Pawtucket, R.I. / 1928.09.28 -

No.186　形削り盤 I -c / Shaper I -c

No.187　形削り盤Ⅱ / Shaper Ⅱ

No.188　空気ハンマ-a / Air hammer-a

空気ハンマ *Air hammer* 　　空気圧による鍛造
B.&S Messy / U.K., Manchester / 1911.10.28 - 2005.06

九州大学総合研究博物館　九州大学

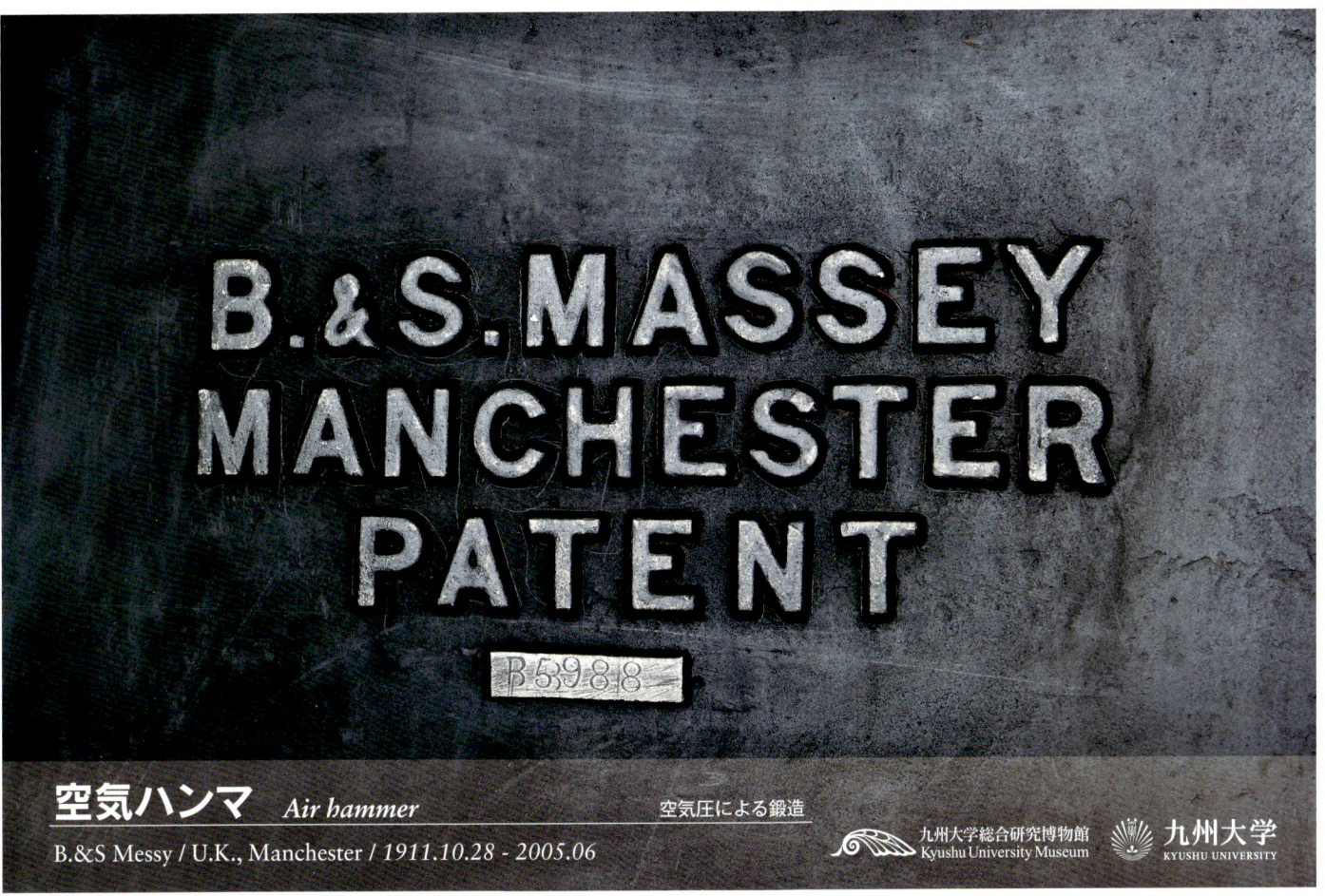

No.189　空気ハンマ-b / Air hammer-b

工作機械

館長のお気にいり

方格規矩四神鏡
ほうかくきく・ししんきょう

時代
中国・後漢時代

ポスター貼るときにふと何故かこの鏡、艶めかしいと思った。これまでいろいろ実物を見てきたが、表面がこんな色具合だっただろうか。それからこの写真見るたびに気になってしょうがない。「古代宇宙を映す鏡」とあるが、何かパワーを持っているに違いない。不思議に引きつけられる一枚。

考古学博士のヒミツ

岩永　省三
IWANAGA Shozo

九州大学総合研究博物館
教授（考古学）

仏像、日本画、考古学

　東京生まれで東京育ち。小学4年生の時、社会科見学で東京都世田谷区の有名な野毛大塚古墳を見て古墳に興味を持ったのが考古学の世界に入るきっかけ。新聞記者業の傍ら万葉集・万葉歌人の研究をしていた叔母に夏休み・冬休みのたびに奈良や京都・大阪に連れて行ってもらって古墳や寺院・仏像に親しんだ。中学時代は仏像オタク（岡寺如意輪観音・渡岸寺十一面観音・蟹満寺釈迦のファン）、高校時代は日本画オタク、特に院展系歴史画（前田青邨・安田靫彦）、日展の三山（杉山寧・高山辰夫・東山魁夷）が好きだった。

　京都で大学生生活するのが夢だったが、途中下車しそこなって博多まで来てしまった。古墳時代の研究は日本の国家形成の研究でもあるので、教養部時代は歴史理論に没入、休みで東京に帰省するたびに神田古書店街に入り浸ることに。学部時代は、古墳時代を研究するはずが、行き掛かり上、卒論で弥生時代青銅器、修論で弥生土器を研究。

　博士課程に進学したかったが、横山浩一先生の指示で奈良国立文化財研究所を記念受験したら、何かの間違いで、奈良時代や平城宮のことを何も知らないのに入所する羽目に。それから約20年間、宮殿漬け、瓦漬けで過ごす。古墳時代を飛ばして飛鳥・奈良時代の研究をすることになったが、弥生時代以来の階級社会形成の帰結としての古代国家の中枢部の姿をつぶさに見ることができたのは貴重な経験だった。

　2000年に九大に着任してからは、奈文研時代に温めていた古代都城制の展開、宮殿の空間構造の変遷から古代国家権力機構の整備過程を解明する研究を具体化するとともに、対象時期を7世紀から6世紀に拡張し、国造制・部民制・ミヤケ制などヤマト王権の地方支配制度の形成過程とその実態を考古学的に解明する作業を始めた。

　長い寄り道を経てようやく古墳時代の研究にたどり着いたわけだが、古墳そのものや遺物の研究を詳細至極に行う一般的な入り方からすると異端だろう。その一方で、歴史理論の研究を久しぶりに再開して、東アジアにおける国家形成の普遍性と特殊性を説明する理論の構築を目指している。

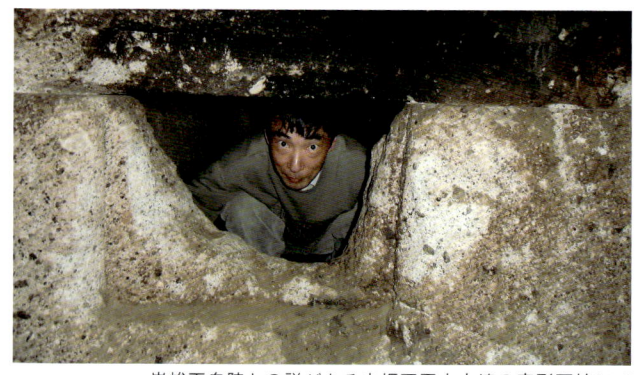

崇峻天皇陵との説がある赤坂天王山古墳の家形石棺にて

標本・資料情報

鉱物標本	No.001-054
植物標本	No.055-081
昆虫標本	No.082-135
考古学資料	No.136-162
工作機械	No.163-189

鉱物標本詳細情報

標本No	標本名称	読み仮名
	標本名称(英)	
	化学式	産地
	キャッチコピー	
	一言解説	

001 孔雀石 くじゃくいし
Malachite
$Cu_2CO_3(OH)_2$ / 不詳
クレオパトラのアイシャドウ
孔雀石は銅と炭酸が結合した二次鉱物です。奈良の大仏の銅の供給地として知られる山口県長登銅山では、大量の孔雀石が産出し、古代の銅生産の原料となった他、江戸期には緑色顔料として狩野派が好んで用いました。

002 瑪瑙 めのう
Agate
SiO_2 / ブラジル
火山の年輪
石英の微細な結晶の集合体で、層状・縞状の模様が特徴です。赤色は不純物の酸化鉄の色ですが、古来から様々な色に着色され利用されてきました。

003 青金石 せいきんせき
Lapis Lazuli (Lazurite)
$(Na,Ca)_{7~8}(Al,Si)_{12}(O,S)_{24}[(SO_4),Cl_2,(OH)_2]$ / チリ
フェルメールの青
ラピスラズリは古くから群青色の顔料(天然ウルトラマリン)として利用されています。非常に高価であり、藍銅鉱(アズライト)や合成顔料で代替されてきました。フェルメールの「真珠の耳飾りの少女」にもウルトラマリンが使われています。12月の誕生石です。

004 隕鉄 いんてつ
Iron meteorite
Fe / 南アフリカ
地球に落ちてきた鉄
宇宙から地球上に降ってきた鉄質の隕石で、純粋な鉄ではなく鉄とニッケルの合金です。酸処理で表面をエッチングすると写真の様なカマサイトとタエナイトによるウィドマン・シュテッテン模様が浮かび上がります。

005 撓曲石英片岩 とうきょくせきえいへんがん
Itacolumite
SiO_2 / ノースカロライナ
曲がる石
石英の粒が集まった堆積岩です。長い年月の風化作用や変成作用により、石英の隙間を埋めていた鉱物が溶けて、ジグソーパズルのような隙間ができたため、全体として結構曲がります。

006 模樹石 もじゅせき
Dendrite
MnO_2 / ボヘミア
樹を夢見る石
美しい樹枝状の模様は、砂岩の割れ目にマンガンを含んだ水がしみ込む際にできたもので、化石ではありません。シダの葉の様に見えることから"しのぶ石"とも呼ばれます。

007 蛍石 ほたるいし
Fluorite
CaF_2 / コルトバーン鉱山
光る石
蛍光現象が確認された最初の鉱物で、蛍石の名前から蛍光"fluorecsence"の言葉が生まれました。ブラックライトを用いて紫外線を当てると、写真の様に蛍光を発します。

008 蛍石 ほたるいし
Fluorite
CaF_2 / コルトバーン鉱山
光る石
蛍石には紫色の他、緑色、黄色、ピンクあるいは無色など様々な色があります。添加すると融点(融ける温度)を下げる性質があり、製鉄用の融剤(ゆうざい)として使われます。ラテン語で流れるを意味する"fluere"が名前の由来となっています。

009 紫水晶 むらさきすいしょう
Amethyst
SiO_2 / ブラジル
水晶三兄弟、長男は気位の高い紫水晶
アメジストとして2月の誕生石で知られています。組成は石英(水晶)と同じSiO_2ですが、不純物として鉄が含まれ紫色を呈します。

010 煙水晶 けむりすいしょう
Smoky Quartz
SiO_2 / スイス
水晶三兄弟、次男はつかみ所のない煙水晶
煙水晶も水晶の一種ですが、ケイ素の一部がアルミニウムと置き換わることで薄茶色を呈します。

011 紅水晶 べにすいしょう
Rose Quartz
SiO_2 / ブラジル
水晶三兄弟、三男は人懐っこい紅水晶
ローズクウォーツ(バラ石英)とも呼ばれ、石英の一種です。ピンク色は微量に含まれるチタン、鉄、マンガンや、最近ではリンによると考えられています。オパールと共に10月の誕生石とされています。

012 金紅石 きんこうせき
Rutile in Quartz
TiO_2, SiO_2 / マダガスカル
見えますか？水晶中のルチル
ルチルはチタンの酸化物です。金黄色から赤褐色を帯びる柱状の結晶で、金紅石と呼ばれます。石英中に針状結晶として含まれる事が多く、金色の物は、古くから「ビーナスの髪」と呼ばれています。

013 緑柱石 りょくちゅうせき
Beryl
$Be_3Al_2Si_6O_{18}$ / アフリカ
凝縮すれば、エメラルド
緑柱石はベリルとも呼ばれ、ベリリウムを含む六角柱状の鉱物です。クロムあるいはバナジウムを含むと緑～淡緑色を呈しエメラルドと呼ばれます。2価鉄イオンを含むと青～淡青色となりアクアマリンと呼ばれます。

鉱物標本詳細情報

014 ルビー
Ruby
$MgAl_2O_4$ 　不詳

凝縮すれば、ルビー

ルビーの原石はコランダム（鋼玉）と呼ばれる酸化アルミニウムの結晶です。一部のアルミニウムイオンがクロムイオンと置き換わることで赤色になります。7月の誕生石です。

015 石墨　せきぼく
Graphite
C 　セイロン

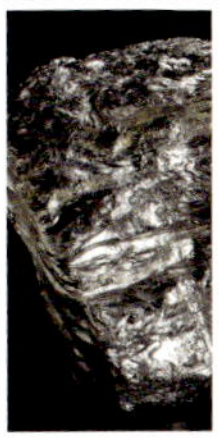

凝縮すれば、ダイヤモンド

グラファイトあるいは黒鉛とも呼ばれる、炭素から成る六角板状の元素鉱物で、層状にはがれ易い特徴があります。鉛筆の芯は黒鉛と粘土を混ぜて作られています。

016 サファイア
Sapphire
Al_2O_3 　不詳

原石は、光ってない。

サファイアもルビーと同様にコランダムの結晶です。一部のアルミニウムイオンが鉄イオンと置き換わることで青色になります。9月の誕生石です。

017 自然金　しぜんきん
Native gold
Au 　台湾、瑞芳鉱山

金、

写真の標本は台湾の瑞芳鉱山で鉱脈中に産出した自然金です。瑞芳鉱山は明治２９年に、日本の藤田組により開発され大正９年に台湾企業に売却されました。近隣の金瓜石鉱山と共に台湾の主要な金鉱山でした。

018 自然銀　しぜんぎん
Native Silver
Ag 　コングスベルグ

銀、

自然銀は銀鉱脈の地表部分に多く産出します。ひげ状、樹枝状の形になることが多く、表面は酸化して黒く変化しています。世界遺産の島根県石見銀山でも、戦国時代の発見当初は鉱山山頂付近でたくさん取れたと考えられます。

019 黄銅鉱　おうどうこう
Chalcopyrite
CuFeS 　荒川鉱山

銅。

写真は秋田県荒川鉱山の黄銅鉱です。結晶の特定の面が発達した、三角式黄銅鉱の結晶は、世界中でも特に日本の日本海側の鉱山に産出し、荒川鉱山はその代表的な産地です。

020 銅鉱石　どうこうせき
Copper ore
$CuFeS, SiO_2$ 　生野鉱山

金・銀・銅が勢揃い

写真は兵庫県生野鉱山の銅鉱石です。白色は石英、金色は黄銅鉱からなり、黒色の部分には銀、鉛、亜鉛の硫化物が含まれています。

021 金鉱石　きんこうせき
Gold ore
Au, SiO_2 　菱刈鉱山

小判３枚分の、金

鹿児島県菱刈鉱山は、超高品位な金鉱石が産出する事で知られています。通常の鉱山では、鉱石１トンあたり10gの金を含めば優良な鉱石ですが、写真の標本は１トンあたり3.6kgの金を含んでいます。

022 金塊（模型）　きんかい
Nugget(model)
Au 　オーストラリア

夢の塊（実寸）

1858年にオーストラリアのビクトリア州で発見された"ウェルカムナゲット"と呼ばれる自然金塊の模型です。実物は71.3kgの重さがあり、1869年に72.02kgの自然金塊が同州で発見されるまで世界最大でした。

023 自然硫黄　しぜんいおう
Native Sulfur
S 　シシリー島

黄色いダイヤモンド

自然硫黄は、日本では火山周辺の噴気口で火山ガスから直接結晶化することが多く、大きな結晶に成り難いのですが、イタリアのシシリー島では石膏の変成作用によってゆっくりと成長した美しい結晶が産出しました。

024 赤鉄鉱　せきてっこう
Hematite
Fe_2O_3 　エルバ島

ブラック・ダイヤモンド

ギリシア語のhaima（血）から命名された鉄の酸化物です。結晶は緻密、塊状、繊維状、ぶどう状、魚卵状などを示します。粉末にすると鮮やかな赤色となり、古くから顔料として利用されてきました。

025 方ソーダ石　ほうそーだせき
Sodalite
$Na_4Al_3Si_3O_{12}Cl$ 　ブリティッシュコロンビア

天にかざせば空模様

ナトリウムを多く含む準長石で、"sodium"が名前の由来です。ナトリウムや塩素の一部がカルシウムや硫酸イオンと置換すると青金石（ラズライト）等に変化します。

026 オパール
Opal
$SiO_2 \cdot nH_2O$ 　不詳

脆くきらめく、水の石

オパールは石英と同じ珪酸鉱物ですが、結晶は非晶質で水分子を含んでいます。和名は蛋白（たんぱく）石で１０月の誕生石です。様々な色を示しますが、虹色を呈する物はノーブルオパールとして宝石として扱われます。

027 コバルト華　こばるとか
Cobalt bloom (Erithrite)
$Co_3(AsO_4)_2 \cdot 8H_2O$ 　ザクセン

石に咲いた華

独特の赤色をした鉱物で、名前はギリシャ語で赤を意味する"erythros"に由来します。輝コバルト鉱が風化してできる二次鉱物です。針状結晶の集合体として産出することが多く、写真の様に大きく成長した結晶は稀です。

鉱物標本詳細情報

標本No	標本名称	読み仮名
	標本名称(英)	
	化学式	産地
	キャッチコピー	
	一言解説	

---

028 アクアマリン 
Aquamarine
$Be_3Al_2Si_6O_{18}$ | ナミビア
海のお守り
アクアマリンはエメラルドと同じ緑柱石です。緑色の物をエメラルド、水色の物をアクアマリンと呼んでいます。3月の誕生石です。

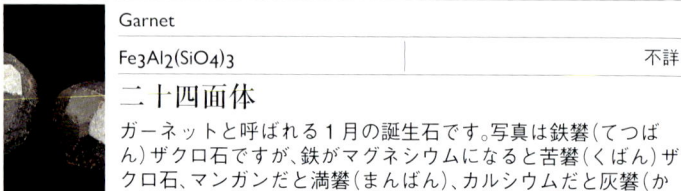

---

029 ザクロ石
Garnet
$Fe_3Al_2(SiO_4)_3$ | 不詳
二十四面体
ガーネットと呼ばれる1月の誕生石です。写真は鉄礬(てつばん)ザクロ石ですが、鉄がマグネシウムになると苦礬(くばん)ザクロ石、マンガンだと満礬(まんばん)、カルシウムだと灰礬(かいばん)等、様々なザクロ石があります。

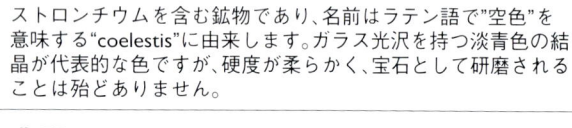

030 灰クロムザクロ石 
Uvarovite
$Ca_3Cr_2(SiO_4)_3$ | ウラル
ガーネットの果実
カルシウムとクロムを含んだザクロ石で、鮮やかな緑色が特徴的です。英名はウバロバイトで、ロシア人のセルゲイ・ウバロフ氏にちなんで命名されました。12月の誕生石です。

---

031 天青石 てんせいせき 
Celestine
$SrSO_4$ | イギリス
天使の石
ストロンチウムを含む鉱物であり、名前はラテン語で"空色"を意味する"coelestis"に由来します。ガラス光沢を持つ淡青色の結晶が代表的な色ですが、硬度が柔らかく、宝石として研磨されることは殆どありません。

032 天青石 てんせいせき 
Celestine
$SrSO_4$ | イギリス
天使の石
ストロンチウムを含む鉱物であり、名前はラテン語で"空色"を意味する"coelestis"に由来します。ガラス光沢を持つ淡青色の結晶が代表的な色ですが、硬度が柔らかく、宝石として研磨されることは殆どありません。

---

033 翡翠 ひすい 
Jadeite
$NaAlSi_2O_6$ | 不詳
始皇帝と共に眠る石
翡翠には硬玉(ヒスイ輝石)と軟玉(ネフェリン)がありますが、硬玉の方が高価で貴重です。日本の産地としては新潟県糸魚川市の姫川流域が有名です。エメラルドと共に5月の誕生石です。

034 緑閃石 りょくせんせき 
Actinolite
$Ca_2(Mg,Fe)_5Si_8O_{22}(OH)_2$ | 不詳
王妃の復活を託された石
透緑閃石、陽起石(ようきせき)とも呼ばれ、長柱状の結晶や、アスベスト様の繊維状結晶集合体で産出します。緑色緻密な岩石はネフライト(軟玉)と呼ばれ、ヒスイ輝石(硬玉)と共に翡翠として売られています。

---

035 重晶石 じゅうしょうせき 
Barite
$BaSO_4$ | ボヘミア
賢者の石に見まがわれた石
標本は厚い板状結晶が特徴です。比重が4.5と大きく、石油掘削の泥水に使用されるほか、胃の検診に使われるバリウムの原料となります。

036 天河石 てんがせき 
Amazonite
$KAlSi_3O_8$ | マダガスカル
天の川の宝石
微斜長石はカリ長石の一種で、一般に白色または淡紅色ですが、緑色のものは天河石(アマゾナイト)と呼ばれ、飾石に用いられます。

---

037 輝安鉱 きあんこう 
Stibnite
Sb_2S_3 | 市ノ川鉱山
大地が鍛えた日本刀
愛媛県市ノ川鉱山に産出した輝安鉱結晶は世界的に有名で、各地の博物館に展示されています。伊都キャンパスの工学部展示室には100年前に購入した長さ45cmの美麗結晶が展示されています。

038 輝安鉱 きあんこう
Stibnite
Sb_2S_3 | 市ノ川鉱山
大地が鍛えた日本刀
愛媛県市ノ川鉱山に産出した輝安鉱結晶は世界的に有名で、各地の博物館に展示されています。伊都キャンパスの工学部展示室には100年前に購入した長さ45cmの美麗結晶が展示されています。

---

039 鉛亜鉛鉱石 なまりあえんこうせき 
Lead zinc ore
PbS, ZnS | 豊羽鉱山
弾丸とメッキ
標本は北海道豊羽鉱山の鉛亜鉛鉱石です。紫がかった灰色は方鉛鉱で、飴色の鉱物は閃亜鉛鉱です。閃亜鉛鉱は不純物の鉄が少ないと写真の様な飴色で、多くなると不透明な黒色になります。

040 赤鉄鉱 せきてっこう 
Hematite
Fe_2O_3 | カンバーランド
虹の塊
表面の鮮やかな虹色は結晶表面の酸化皮膜による干渉色で、シャボン玉の色と同じ原理です。レインボーヘマタイト、七彩石と呼ばれることもあります。

鉱物標本詳細情報

041 虎目石　とらめいし
Tiger eye
SiO₂ | アフリカ

虎視眈々

青石綿の繊維状結晶に珪酸を含んだ熱水が染み込んで固化したものです。石綿中の鉄分が酸化して黄褐色を示します。鉄分が酸化していないものは青色を呈し鷹目石と呼ばれます。

042 自然硫黄　しぜんいおう
Native Sulfur
S | シシリー島

黄色いダイヤモンド

自然硫黄は、日本では火山周辺の噴気口で火山ガスから直接結晶化することが多く、大きな結晶に成り難いのですが、イタリアのシシリー島では石膏の変成作用によってゆっくりと成長した美しい結晶が産出しました。

043 緑簾石　りょくれんせき
Epidote
Ca₂(Fe,Al)₃(SiO₄)₃(OH) | アラスカ

焼き餅石

カルシウム、鉄、アルミニウムを含む含水ケイ酸塩鉱物で、緑色の柱状結晶が特徴的です。結晶表面の平行な条線が簾（すだれ）に似ていることからこの名前がつきました。

044 緑鉛鉱　りょくえんこう
Pyromorphite
Pb₅(PO₄)₃Cl | ナサン

石に生える、石の苔

緑鉛鉱は鉛の硫化物である方鉛鉱が酸化してできる二次鉱物で、緑色の六角柱状の結晶が良く知られています。リン酸イオンの代わりにバナジン酸が入ると褐鉛鉱、砒酸が入るとミメット鉱になります。

045 燐灰石　りんかいせき
Apatite
Ca₅(PO₄)₃(OH,F,Cl) | カナダ

あなたの、歯の成分です。

カルシウムのリン酸塩鉱物で、天然ではフッ素を含むフルオロアパタイトが多く産出します。水酸基を含むハイドロキシアパタイトは歯や骨を構成する主要な成分です。

046 デクロワゾー石
Descloizite
Pb(Zn,Cu)VO₄OH | 南西アフリカ

ここだよ→

デクロワゾー石はバナジウムを含む鉱物で、赤褐色、橙色、暗褐色を示します。フランス人の鉱物学者デクロワゾー氏に因んだ名前です。亜鉛と銅を含み、銅が多いとモットラム鉱になります。

047 スミソナイト
Smithsonite
ZnCO₃ | ラウリオン

命名者は、スミソニアン博物館のスミソンさん。

亜鉛の硫化物である閃亜鉛鉱が酸化してできる二次鉱物で、菱亜鉛鉱とも呼ばれます。スミソニアン協会の創設者であるジェームズ・スミソン氏に因んで命名されました。

048 岩塩　がんえん
Rock Salt
NaCl | ザクセン

なめたらいかんぜよ

世界の塩の3分の2が岩塩から作られています。オーストリアのザルツブルグは岩塩の産地として有名で、"塩の城"を意味します。標本の青色は不純物ではなく結晶構造による光学的なものです。

049 霰石　あられいし
Aragonite
CaCO₃ | グチャブ

山の珊瑚　※これも石です

アラゴナイトと呼ばれる、方解石と同じ炭酸カルシウムの鉱物です。様々な形状を示し、珊瑚に似た形の物はオーストリアの菱鉄鉱鉱山で多産し、"Flowers of Iron"と呼ばれますが、日本では"山珊瑚"と呼ばれています。

050 玉随　ぎょくずい
Chalcedony
SiO₂ | ウルグアイ

ニョロニョロ　※これも石です

玉随はカルセドニーとも呼ばれる微細な石英の集合で、瑪瑙（めのう）や碧玉（へきぎょく）も玉随の一種です。標本は鍾乳石状に成長したものです。

051 シリカシンター
Silica sinter
SiO₂ | 生竜

温泉の化石♨

珪華（けいか）とも呼ばれ、温泉の周辺で生成します。地表に湧き出した熱水中の珪酸が、温水の池でコロニーを形成するシアノバクテリアの表面に沈殿して柱状・層状の組織が残ります。標本は約1万年前の"温泉の化石"です。

052 透輝石　とうきせき
Diopside
(Ca,Mg)(SO₃)₂ | 不詳

マグマの絞りかす

カルシウムとマグネシウムを含む鉱物で、地球上の岩石を構成する造岩鉱物の一つです。劈開（へきかい）と呼ぶ特定方向の結晶の割れ目が良く発達しています。

053 石綿　いしわた
Asbestus
Mg₃(Si₂O₅)(OH) | ノルウェー

※大丈夫、ポスターからは飛びません。

アスベストとも呼ばれ、髪の毛の5000分の1程度の繊維状の鉱物です。耐熱性、絶縁性、耐久性等に優れ、建設資材や電気製品等に広く使用されてきましたが、肺癌や皮膚癌の原因となることから現在は使用を禁じられています。

054 海軍第一種練炭　かいぐんだいいっしゅれんたん
briquet
化学式無し | 海軍燃料廠

九大に眠る旧海軍の遺産

石炭粉を固めた物で、標本は旧日本海軍が燃料に用いた物です。硫黄分の少ない無煙炭を原料とし、燃やしても煙が非常に少ないのが特徴です。日本海海戦でロシア海軍に勝利したのは無煙炭のおかげとも言われています。

植物標本詳細情報

標本No	標本名称	読み仮名
	学名	
	採集地	採集時期
	キャッチコピー	
	一言解説	

055　クローブ
Eugenia caryophyllata Thunb.
Peradeniya, Ceylon　｜　1921.Oct

マゼランが追い求めた憧れのスパイス

フトモモ科フトモモ属の木本で、生薬として用いられ、寄生虫の病気治療ほか薬効が高いといわれています。チョウジ（丁字）ノキともいう。金平が採集。

056　バニラ
Vanilla planifolia Jacks. ex Andrews
Peradeniya, Ceylon　｜　1921.Oct

甘い香りは色褪せない

ラン科バニラ属のつる性植物で、中米原産。インゲンのような長いさやの中にある黒い粉粒状の種子が、香料であるバニラやバニラビーンズの原料となります。乾燥させることで初めて香りが出てきます。金平が採集。

057　胡椒　　こしょう
Piper nigrum L.
Ponape　｜　1939

大航海時代、黄金と同じ価値があった

コショウ科コショウ属のつる性植物。香辛料としてなじみ深いですが、日本では栽培されることがほとんどないため、使われている実がこんな風に実っているということ自体、新鮮にみえます。星野が採集。

058　シナモン
Cinnamomum zeylanicum Ness.
Bot Gar, Taihoku　｜　1924.Jan

カプチーノ、アップルパイ、シナモンロール。

クスノキ科ニッケイ属の樹木で、中国南部〜ベトナム原産。熱帯で広く栽培されます。乾燥した樹皮が生薬、精油、香料などにもちいられます。当時の台北植物園にて採集。

059　アラビアコーヒーノキ
Coffea arabica L.
Ponape　｜　1939

コーヒーの2大巨頭、王道のアラビカ種

アカネ科コーヒーノキ属の木本で、エチオピア原産。果実にカフェインを多く含み、古くから薬効利用されます。星野が採集。

060　ロブスタコーヒーノキ
Coffea robusta L.
Ponape　｜　1939

コーヒーの2大巨頭、お求めやすいロブスタ種

アカネ科コーヒーノキ属の木本で、西アフリカ原産。ジャワとその他の場所で栽培されています。星野が採集。

061　南洋山椒　　なんようざんしょう
Murraya koenigii Epreng.
Feradeniya, Ceyron　｜　1921.Oct

本場インドのカレーの香り

ミカン科ゲッキツ属の木本で、カレーリーフともいいます。シンガポール料理には必要不可欠なハーブの一つのことです。金平が採集。

062　アカキナノキ
Cinchona succirubra Pav. ex Klotzsch
Keitao　｜　1923.Dec.14

本物のジン・トニックには入っています

アカネ科キナ属の木本植物。樹皮に含まれるアルカロイドのキニーネが、マラリアや発熱に効果があるため、植民地時代に乱獲されました。金平が採集。

063　タマリンド
Tamarindus indica L.
Kolonia, Ponape　｜　1938.Feb.19

アジアン料理の美味の素

ジャケツイバラ科タマリンド属の木本で、チョウセンモダマともいいます。さやと種子の間にある果肉が食され、酸味料、食品添加物の増粘安定剤（タマリンドガム）、チャツネ、菓子として用いられます。星野が採集。

064　ベニノキ
Bixa orellana L.
Bot Gar, Taihoku　｜　1924.Feb

「おいしそう！」の演出家

ベニノキ科ベニノキ属の木本で、種皮からオレンジ色の染料がとれます。口紅やバター・チーズなどの天然着色料として利用され、アナトー色素と呼ばれています。当時の台北植物園にて採集。

065　ラベンサラ
Ravensara aromatica Sonn.
Peradeniya, Ceylon　｜　1921.Oct

マダガスカルの万能薬

クスノキ科ラベンサラ属の木本で、芳香性調味料やエッセンシャルオイルとして用いられます。金平が採集。

066　ヨヒンベ
Pausinystalia yohimba Pierre
Bot Gar, Buitenzorg　｜　1925.May

大人のサプリメント

アカネ科の木本植物で、樹皮にアルカロイドを含み、薬に用いられる。催淫剤の原料とされます。インドネシアのボゴール植物園の植栽物の標本。

067　馬銭　　まちん
Strychnos nux-vomica L.
Bot Gar, Taihoku　｜　1924.Jan

アガサ・クリスティの愛した毒。

マチン科マチン属のこの木本植物の種子には、属名が由来のアルカロイド、ストリキニンが含まれます。毒性が強い反面、薬効があります。当時の台北植物園にて採集。

植物標本詳細情報

068 グッタペルカノキ
Palaquium gutta Burck.

Bot Gar, Buitenzorg, Java　　不詳

海底ケーブルを覆うゴム。

アカテツ科Palaquium属の木本で、樹液からゴム状樹脂ルペルカゴムと呼ばれる天然ゴムがとれます。インドネシアのボゴール植物園の植栽物だったものの標本。

069 アンソクコウノキ
Styrax bensoin Dry.

Peradeniya, Ceylon　　1921.Oct

スーッとします

このエゴノキ科エゴノキ属の木本植物は、湿布のスーッとするもとになる安息香酸を主成分とする樹脂（安息香を）含んでいます。金平が採集。

070 イランイランノキ
Cananga odorata Hook.f.

Bot Gar, Taihoku　　1924.Feb

シャネルの5番

バンレイシ科イランイランノキ属の木本で、香水木とも呼ばれます。花から精油、高級香水原料、花から高級香水原料である精油が採れます。バンレイシ科。当時の台北植物園にて採集。

071 ダンマルジュ
Agathis alba (Lamb.) Rich. et A. Rich.

Bot Gar, Taihoku　　1924.Feb

沙羅双樹の花の色

ナンヨウスギ科アガティス属の木本で、建築、建具、家具などに使われます。ナンヨウ○○などの商品名で呼ばれています。当時の台北植物園にて採集。

072 フレイキネティア・ポナペンシス
Freycinetia ponapensis Martelli

Parkier, Ponape　　1937.Jan.17

ツルになってよじ登るアダン

金平教授のお気に入りであるタコノキ科の属で、ツル性になる群。ミクロネシアの固有種（＝ミクロネシア以外には自生していない）のひとつです。金平が採集。

073 パンダヌス・ドゥビウス
Pandanus dubius Spreng.

Saipan　　1933.Aug

金平教授のお気に入り「サイパンのタコノキ」

タコノキ科タコノキ属の植物で、光沢のある葉を乾燥させ編んだものは、破水性のマットとして用いられます。果実は食用になり、果実が集合した花序は、祭事の装飾にも用いられるといいます。

074 アダン
Pandanus tectorius Park.

沖縄　　1936.Mar.25

金平教授のお気に入り「沖縄のアダン」

金平教授が多数あつめたのがこのアダンを含むタコノキ科の植物。日本では3種ほどしかありませんが、熱帯－亜熱帯で多数分化しており、金平は、その多様性に魅了されたものと思われます。画家・田中一村「アダンの海辺の図」に描かれているのが、この種。

075 ポナペア・レデルマニアーナ
Ponapea ledermanniana Becc.

Ponape　　1937.Jan

海を渡る実

ヤシ科ポナペア属の樹木。果実は食べられるので、現地ではしばしば庭先に植えられるといいます。12mほどの高さになり、まれに、森の樹幹からとびでているといいます。金平が採集。

076 ピナンガ・ミクロネシカ
Pinanga micronesica Kanehira

Palau Aimiriik　　1932.Aug

ミクロネシアの子だくさん

ヤシ科ピナンガ属の植物で、この仲間は観葉植物として好まれます。金平が採集。

077 オオアブラギリ
Aleurites fordii Hemsl.

Kesakabe, Wakayama-ken　　1938.Sep

和傘に塗った秘密の油

トウダイグサ科アブラギリ属の木本で、中国原産。日本でも暖地で栽培され、桐油として用いられます。金平が採集。

078 ナンヨウマヤプシギ
Sonneratia caseolaris (L.) Engi.

Davao, Pholippines　　1933.Aug

猫のしっぽの木

ハマザクロ科の木本で、果実は生食やカレーなどに利用されます。金平が採集。

079 ノボロギク・タチカモジグサ・レンゲソウ・オオイヌノフグリ
Senecio vulgaris L. / *Elymus racemifer* var. *japonensis* (Honda) Osada / *Astragalus sinicus* L. / *Veronica persica* Poir.

花畑の種

農学部の旧植物学教室で収集された種子類。ごくごくありふれた「雑草」ばかりで、このような形で種子が保存されることはむしろまれでしょう。いずれも65年ほど前の採集であり、案外、貴重かもしれません。

080 カラマツ・コノテガシワ・ヒノキ・クスノキ
Larix kaempferi (Lamb.) Carrière / *Platycladus orientalis* (L.) Franco / *Chamaecyparis obtusa* (Siebold et Zucc.) Endl. / *Cinnamomum camphora* (L.) J. Presl

森林の種

農学部旧植物学教室で収集された種子類。いずれもよく植栽される、ごく一般的な樹木。古いものは、大正4年（1915年）採集。

081 スイカ・古代の米・ケシ・カヤ
Citrullus lanatus (Thunb.) Matsum. et Nakai / *Oryza* sp. / *Papaver somniferum* L. / *Torreya nucifera* (L.) Siebold et Zucc.

健康の種

農学部旧植物学教室で収集された種子類。注目は、筑紫郡四王寺山城跡（＝大野城跡）と記された、炭化した「古代の米」。正確な由来は現在のところ不明ですが、ラベルにある1957年は、四王寺山で16世紀の豪族の墓が発見された年であり、その時の調査と関係があるかもしれません。

昆虫標本詳細情報

標本No	標本名称
	学名
	採集地 / 採集時期
	キャッチコピー
	一言解説

082　ヘラクレスオオカブト 
Dynastes hercules septentrionalis
Costa Rica　　2000.May
世界最強の名はどちらのもの!?南米代表ヘラクレス
世界最長の甲虫で、南米を代表する大型甲虫。大きな個体は16センチメートルを超えます。ただし角が極端に長いので、重さでは同じ南米に生息するゾウカブトの類にはかないません。

083　コーカサスオオカブト
Chalcosoma chiron
Java　　1995
世界最強の名はどちらのもの!?アジア代表コーカサス
アジア最大の甲虫で、もっとも喧嘩の強いカブトムシとされています。現地では普通にみられ、街灯に集まった個体を採集することができます。

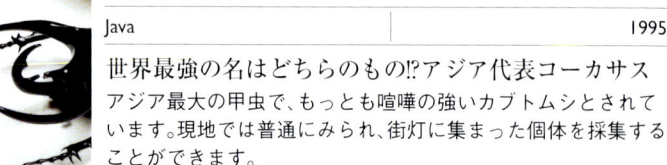

084　ミツオシジミタテハ 
Helicopis gnidus
Coidos, Brazil　　不詳
昼下がりの逃避行
後翅には、三つの優雅な尾のような突起を持ち、丸く盛り上がった真珠色の紋のある優美な蝶です。

085　クジャクシジミ 
Arcas imperialis
Peru　　1999.Sep
ネオン街の孤独
クジャクの羽根の紋のような色鮮やかな緑色をしています。学名のimperialisは「皇帝の」という意味で、そのとおり、高貴な印象があります。

086　クモマツマキチョウ 
Anthocharis cardamines progressa
A.Cardamines Rassia.Voronezh　　1994.May.11
ロシアの春を告げる蝶
日本では高山地帯に生息する珍しい蝶ですが、ヨーロッパ周辺では平地にもふつうにみられる身近な存在。早春から現れ、春を告げる蝶でもあります。

087　フトオアゲハ 
Agehana maraho
拉拉山、台湾　　不詳
台湾の国蝶
下の翅の下の部分が太いから「フトオ」の名がついています。北杜夫の名作、「谿間にて」にも登場する珍種にして特異な名蝶です。

088　ルリモンアゲハ 
Papilio paris
Mt.Kawi E-Java　　1991.Oct
羽の緑はジャワ島の森
チョウ類の金属光沢の多くは構造色といって、鱗粉の形が特定の光だけを反射する構造になっていることによって生じます。この青も構造色で、実際の色彩ではありません。

089　アマタツマアカシロチョウ 
Colotis calais
Amboassary Sud Ifotaka.Madagascar　　1999.Aug
マダガスカルのモンキチョウ
アフリカに生息するシロチョウの仲間で、日本のモンキチョウなどに雰囲気が似ています。各地でさまざまな種に進化しており、マダガスカルのものはまた独特です。

090　ナンベイマルハムシ 
不詳
Iquitos, Peru　　2002.Oct
リーフ・ビートルズ
南米産の近縁のハムシのなかまです。それぞれ違う植物を食べます。多くのハムシ同様、体に毒を蓄え、食べると不味いことを示す派手な色彩をしています。

091　ドウケヘリカメムシ 
Anisoscelis sp.
Satipo, Peru　　不詳
レッドソックス
後脚の先端付近が紅葉した葉のような姿の変わったカメムシ。ほかのカメムシ同様、植物の汁を吸い、臭い匂いを出します。

092　ディルティアオオイナヅマ 
Lexias dirtia
Siberut　　1992.Nov.18
青いイナズマ
翅の模様が稲妻のようなので、この名前がついていますが、薄暗いジャングルのなかを弾丸のように素早く輝きながら飛ぶ姿をみると、生きた姿も稲妻のように感じられます。

093　オオキバヘビトンボ 
Corydalus sp.
Satipo, Peru　　1998.Sep
戦うためだけに生まれた虫
トンボの仲間というわけではなく、ヘビトンボという甲虫に比較的近い一群です。蛇みたいに噛み付くのでこの名がついています。

094　メタリフェルホソアカクワガタ 
Cyclommatus metallifer
Mamasa C Celebes　　2005.Mar
花を愛でる戦士
奇形。一番上の足が多い。学名は金属をもつという意味で、金属光沢に由来します。

昆虫標本詳細情報

095 コガシラクワガタ
Chiasognathus granti

| Chille Temuco | 1989 |

過剰適応 －ダーウィン

原始的なクワガタムシのなかまで、異常に長い大顎を持っています。草の汁を吸うことが知られており、足場の悪い草の上で雌を守り、雄同士で戦うための姿でしょう。

096 パプアキンイロクワガタ
Lamprima adolphinae

| Indonesia | 1994.Jun |

色々衣、七変化

原始的なクワガタムシで、ニューギニアやオーストラリアに生息します。前脚の内側にある団扇のような突起で植物の芽を切り、そこから出る汁を吸います。

097 ビックリノコギリクワガタ
Prosopocoilus mirabilis

| Mt.Usambara Tanzania | 2001.Mar |

レイジング・ブル

日本にも同属のノコギリクワガタなどが生息しており、形はそれと良く似ていますが、頭が大きくえぐれているところが変わっています。

098 ナルキッソスミイロタテハ
Agrias narcissus

| Obidos | 不詳 |

世界最速の蝶

学名はナルシストの語源であり、水面に映った自分の姿に惚れてしまったナルキッソスに由来します。目の覚めるような赤と青に彩られ、捕えた人が惚れてしまうような蝶ですが、恐ろしいほどの速さで飛ぶため、捕まえるのは困難です。

099 ツマベニチョウ
Hebomoia glaucippe vossi

| Nias. Is N.Sumatra | 1992.Sep |

幸せを呼ぶ蝶

大きなシロチョウ科の蝶で、モンシロチョウと同じ仲間。日本にも生息しますが、日本のは地色が白いです。写真の個体はニアス島のもので、地色が鮮やかな黄色を呈しています。

100 ヒュポキサンタカザリシロチョウ
Delias hypoxantha

| Pass Valley Wamena, W-Irian | 1993.Mar |

妖しく彩られた白蝶

毒を持つシロチョウの仲間で、毒々しい派手な色彩をしています。このような模様があるのは裏側だけで、表側はふつうのシロチョウのような白黒模様のことが多いです。

101 トラフタテハ
Parthenos sylvia

| Peleng Is. | 1995.Feb.15 |

虎の衣を借りる蝶

「トラフ」とは「虎斑」と漢字で書きます。読んで字のごとく、トラのような模様からこの名がついています。大阪のおばさんがこういう服を着ていることがあります。

102 ホウセキゾウムシ
Eupholus spp.

| 不詳 | 1993.May/1994.Mar |

森の宝石箱

頭が長く伸び、その顔つきがゾウに似ていることからこと名前がついています。非常に堅く、昆虫針を刺すことができないほど。食べても硬くて飲み込めないことを示す派手な色彩。

103 ナンベイオオズハンミョウ
Megacephala sp.

| Satipo, Peru | 2003.Aug |

ハンターの目を持つムシ

ハンミョウの仲間はよく飛翔するのが一般的ですが、この仲間はあまり飛ぶことがありません。

104 インペラトリックスミナミヒョウモン
Cirrochroa imperatrix

| Biak Is. Indonesia | 1995 |

風に舞うベルベット

ビロードのような光沢をもつタテハチョウの仲間で、このビアック島のものはとくに美しいです。

105 フウセンバッタ
Bullacris sp.

| R.S.A. Kwazulu Natal pr. Oribi Gorge N. R. Port Shepstone, 4.-5. | 2000.Dec |

音を奏でる風船虫

セミのように大きな音を出して鳴きます。腹部が風船のようにふくれ、脚との接触点にやすりのような構造があり、そこと脚をこすり合わせてなきます。

106 シラユキカナブン
Ranzania splendens petersiana

| Blantyre,S MALAWI | 1992.Mar |

花に潜るから、ハナムグリ

日本のカナブンに近い仲間ですが、立派な角をもっており、雄同士ではげしい喧嘩をします。雪のように白い模様を持つことからこの名がついています。

107 キベリゴウシュウスジコガネ
Anoplognathus grayanus

| Australia | 1988.Apr |

枯色羽織る黄金虫

日本でもそこらへんにいるコガネムシに似ていますが、それとは遠縁なオーストラリアに固有のなかまです。黄色い縁の模様が美しい。

108 オオツノカナブン
Meceynorhina torquata

| Cameroon | 不詳 |

巨人ゴリアテの名を冠す

雄は頭に立派な角をもっており、奇妙な突起も生えています。雄の前脚の複雑な鍵のような形は同属の種によって異なります。

標本・資料情報

昆虫標本詳細情報

標本No	標本名称	読み仮名
	学名	
	採集地	採集時期
	キャッチコピー	
	一言解説	

109 アカヘリエンマゴミムシ
Mouhotia batesi
Chiang Rai, Thai — 不詳
差し色コーデのお洒落さん
東南アジアに生息するオサムシの仲間で、クワガタのように立派な大顎をもち、それで小さな動物を捕まえて食べます。

110 ゴクラクトリバネアゲハ
Ornithopetra paradisea
Timika Irian — 2005.Aug
シャープでモダンな高嶺の花
ニューギニアに生息し、ゴクラクチョウを連想させるあでやかな姿をしています。

111 スミナガシ
Dichorragia nesimachus
長崎県、五島列島 — 2002.Jul.31
優雅に舞う大和撫子
水面に墨を垂らし、そこに布をあてる染色の方法を墨流しといいます。日本の雑木林を代表する地味ながら美しい蝶です。

112 イナヅマシジミタテハ
Lyropteryx apollonia
Huallaga Val. Peru — 1991.Dec
南米の森に潜むミステリアス・レディ
放射状の模様が見事なシジミタテハというチョウの仲間です。悪食で、腐った肉によく集まります。

113 オナガタイマイ
Graphium antiphates
Indonesia, Pulau Lombok — 1998.Jan
エレガンスな深窓の令嬢
ツバメの尾のような翅の突起をもち、優雅に飛びます。似ていませんが、日本のアオスジアゲハに近縁。

114 パールキンカメムシ／フタイロキンカメムシ
不詳
W.Sumatra/Ambon Is. — 1995/1999.Jan
デコ・カメムシ
派手な色彩は警戒色で、敵が匂いで食べたくなるようになっています。しかしこの仲間は、ヒトにとっては良い香りを出すものが多いです。

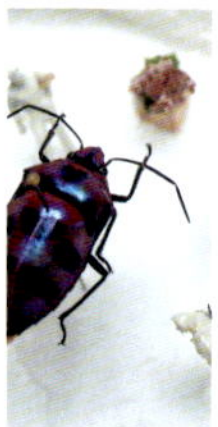

115 ベッコウバチ
Pepsis sp.
Obidos, Para Brazil — 2003.Feb
スパイダー・ハンター
成虫はクモの仲間を狩ります。地面に巣穴を掘り、そこにクモを入れ、卵を産んで、埋め戻します。南米に生息するタランチュラを狩るものは非常に大型です。

116 シンジュタテハ
Protogoniomorpha parhassus
Bozomu. Banguf. C.Africa — 1990
森の宝石
ひらひらと飛び、白い金属光沢のある姿は、まるでアルミ箔が飛んでいるかのようです。

117 クロオオムラサキ
Sasakia funebris
HaGiangDongVan, HaTuyen prov.Vietnam — 2004.Jul
シックな黒に真っ赤なルージュ
日本に近似種のオオムラサキがいます。学名のfunebrisには葬儀や死の意味があります。おそらく喪服のような黒を基調とした色彩による命名でしょう。

118 ツヤツユムシ
不詳
Satipo, Peru — 不詳
羽が葉っぱで葉っぱが羽で
ツユムシの仲間で、日本にも良く似たものが生息します。熱帯のものには、ツヤツヤした葉に似せるため、このようにツヤのある翅をもつものが少なくありません。

119 カバシタアゲハ
Chilasa agestor
Wiang Pa Pao, Chiang Rai Prov. N.Thailand — 2002.Mar
夕暮れの隙間を漂う小心者
チョウは種によって個性的な模様を持ちますが、そのなかには、毒のあるチョウに模様を真似たものが少なくありません。これはアゲハチョウの一種ですが、アサギマダラという毒のあるチョウに擬態しています。

120 ハンミョウ
Cicindela chinensis japonica
Tashiro Kimitsu-city Chiba-Pref. Japan — 1997.Sep.14
振り向く姿はミチシルベ
世界の中で一番きれいなハンミョウと言われています。ハンミョウは漢字で書くと「斑猫」。猫みたいに飛びついて、獲物を捕らえるためです。

121 アキラエナモルフォ
Morpho achilleana
JoinVille. S.C, Brazil.I52 — 1991.Feb
青い羽には秘密がたくさん
大型で美しいタテハチョウの仲間ですが、成虫は腐った果物や動物の糞の水分を吸う悪食で、幼虫は世にも醜い毛虫です。

昆虫標本詳細情報

122	カリスタカザリシロチョウ
	*Delias callista*
	New Guinea / 不詳

裏をめくれば極彩色

毒を持つシロチョウのなかまで、毒々しい派手な色彩をしています。このような模様があるのは裏側だけで、表側はふつうのシロチョウのような白黒模様のことが多いです。

123	セレリアエグリキノハタテハ
 	*Memphis celeria*
	Bolibia / 1993

素顔の裏で、妖艶に笑う

翅を閉じて外から見ると、枯れ葉のような姿をしており、隠蔽擬態の一種と考えられます。翅を広げると美しい紫色をしています。

124	ヒイロタテハ
	*Cymothoe sangaris*
	Bangui. C.Africa / 1998.May

移り気な情熱家

燃え立つような鮮やかな赤色で、森の中を素早く飛ぶ様子は赤い閃光のようです。

125	エンヨオナガジャノメ
 	*Corades enyo*
	Coroico Bolivia / 2006.Mar

魅惑のエッジライン

地味なタテハチョウの仲間ですが、長く飛び出す後翅の突起が見事です。

126	モモイロハゴロモ
	不詳
	Madagascar / 1999.Aug

"ハゴロモ類のファッションショー
愛され系フェミニンスタイル"

日本にもいるアオバハゴロモの仲間ですが、それよりもずっと大型です。桃色は食べると不味いということを示す警戒色です。

127	フチドリハゴロモ
	不詳
	Dempo S.Sumatra / 1998

ハゴロモ類のファッションショー
クール系コンサバスタイル

集団で生活しており、生きているときは白い粉を全身に吹いています。脅すと雪が舞うように飛んでいきます。

128	コノハムシ
	*Phyllinum pulchrifolium*
	Mae Tha Lampang prov. Thairand / 不詳

忍法葉隠レノ術

葉の形に擬態したナナフシの仲間で、芋虫に齧られたような跡もあるほど、見事なかたちをしています。

129	コノハチョウ
	*Kallima inachus*
	Batulicin.S.Kalimantan / 1992.Apr

姿くらましの達人

翅を閉じると枯れ葉そっくりの姿をしており、隠蔽擬態の例として有名な蝶です。しかし、表側は赤と青に彩られた美しい色彩をしています。

130	コンイロナンベイヒゲナガハムシ
	不詳
	Iquitos, Peru / 不詳

青い毒に染まった宝石たち

葉を食べる甲虫の仲間で、葉の持っている毒素を体にたくわえ、不味いためか、鳥などの捕食者に嫌われます。きれいな色彩はそのことを示しています。

131	ドクチョウ
	*Heliconius sp.*
	Peru / 1990

皆が真似する毒の衣

毒があり、ほかの無毒の蝶がこの蝶をよくまねています。のんびりゆっくり飛びます。

132	スジマネシジャノメ
	*Elymnias nesaea*
	不詳 / 1992.May.20

月夜にかすむ、偽りの毒

ジャノメチョウという多くは地味なチョウのなかですが、この種はマダラチョウという毒のあるチョウに擬態しており、洗練された美しさがあります。

133	ミイロムカシタマムシ
	*Calodema ribbei*
	Aseki P.N.G. / 1991.Apr

背中の黄色は危険のサイン

原始的なタマムシです。タマムシの仲間は、幼虫は腐った木を食べ、成虫は葉を食べます。

134	クロカワトンボ
	不詳
	Cawa Cawa, Oriental Davao, Mindanao Is. Philippines / 2002.May.21-23

メタリックブルーの複葉機

幼虫はヤゴとして渓流で生息し、成虫も渓流のまわりを飛びまわります。日本にもハグロトンボなどの良く似た種が生息しています。

135	シロオビオナガタテハ
	Palla publius
	Bangui-Republic of Central Africa / 2004.Jul

アフリカンカラーのタテハチョウ

タテハチョウの仲間で、鋭い「尾」があるのが特徴。アフリカの蝶の色彩にはオレンジ、黒、白の組み合わせが多く、この種もいかにもアフリカ風の色彩をしています。

標本・資料情報

考古学資料詳細情報

標本No	標本名称
	読み仮名
	年代 / 出土地
	キャッチコピー
	一言解説

136 勾玉
まがたま
古墳時代　　筑紫野市
死者とともに眠る宝玉
湾曲した形の片側に孔を空けた装飾用の玉。『日本書紀』や『古事記』にもその存在が記載されています。石・ガラス・動物の牙・獣骨など素材は様々ですが、日本列島内で縄文時代以来連綿と好まれる装飾用玉類の一つです。（九州大学人文科学研究院考古学研究室所蔵）

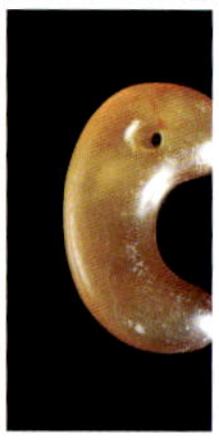

137 管玉
くだたま
古墳時代　　筑紫野市
御統の珠
装飾用の円筒形の玉。弥生時代から使用されており、素材はガラスや石製のものがみられます。本事例は碧玉製であり、碧玉は弥生時代古墳時代を通じて主流な管玉素材の一つです。（九州大学人文科学研究院考古学研究室所蔵）

138 ガラス小玉
がらすこだま
弥生時代後期　　対馬、塔ノ首3号石棺墓
2000年前のガラス
装飾用のガラス小玉。本事例は石棺に副葬された小壺の中に入れられていた珍しい出土状況の事例です。（九州大学人文科学研究院考古学研究室所蔵）

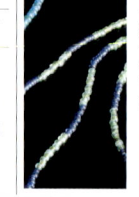

139 把手付坏（陶質土器）
とってつきつき（とうしつどき）
不詳　　韓国、慶尚南道、伽耶王城址
古のカップ
朝鮮半島南部にあった、伽耶という国で使用されていた土器です。

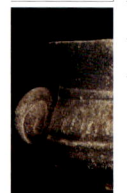

140 石鏃
せきぞく
中国遼東半島・新石器時代～青銅器時代　　中国、遼寧省、大連市、文家屯
獣を狙う石
石で作製した鏃(矢じり)で、表面を研磨して仕上げた磨製石器。狩猟用の矢じりで矢柄に着装して使用していたものです。（九州大学人文科学研究院考古学研究室所蔵）

141 片刃石斧
かたばせきふ
中国遼東半島・新石器時代～青銅器時代　　中国、遼寧省、大連市、文家屯
木を削る石
石で作製した斧で、表面を研磨して仕上げた磨製石器。木製品の加工用の小型斧で、柄に着装して使用していたものです。（九州大学人文科学研究院考古学研究室所蔵）

142 深鉢（縄文土器）
ふかばち（じょうもんどき）
縄文時代晩期　　島原市、礫石原遺跡
縄目はないけど縄文土器
本来は煮炊きに使用される調理具です。人や動物の埋葬容器として用いられる場合もあります。この時期の九州の土器には器面に縄文がみられないものが多く、本例もその一つです。（九州大学人文科学研究院考古学研究室所蔵）

143 台付壺（弥生式土器）
だいつきつぼ（やよいしきどき）
弥生時代中期　　筑紫野市、永岡遺跡
祈りの赤い土器
祭祀用に作製された土器。器の表面を丁寧に磨き上げ、赤色顔料を塗布して焼成しています。

144 三彩俑
さんさいよう
中国・清代後半-現代　　不詳
あの世まで、お供致します
馬上の武人像。墓に副葬するために製作されたものを近世に模したものです。

145 加彩女子立俑（唐三彩）
かさいじょし・りつよう（とうさんさい）
中国・唐代　　不詳
あの世まで、お供しますの
女官形の俑（人形）。中国において祭祀・墳墓の副葬用に使われます。墓の主である死者に死後の世界で仕えるために作られたものです。（九州大学人文科学研究院考古学研究室所蔵）

146 青銅鼎
せいどうかなえ
中国・春秋時代　　不詳
古代中国の権力の象徴
三本脚の調理具で煮炊き用のものです。本例は青銅製ですが、元々は土製がありそれを模して作られるようになったものです。（九州大学人文科学研究院考古学研究室所蔵）

147 青銅戈
せいどうか
中国・戦国時代　　不詳
逆さにすれば和平のしるし
武器形の青銅器。長い柄の先端近くに柄と直行する形で装着します。実戦用のものもあれば、儀礼用になっているものもあります。本例は青銅製ですが、石や鉄素材のものもあります。（九州大学人文科学研究院考古学研究室所蔵）

148 鬲
れき
中国・青銅器時代　　不詳
お鍋のご先祖様
三本脚の調理具。脚は中空で水を入れて煮沸し、上に甑(こしき)をのせて穀物を蒸すのに用います。本例は土製ですが、土製を模して作られるようになった青銅製もあります。（九州大学人文科学研究院考古学研究室所蔵）

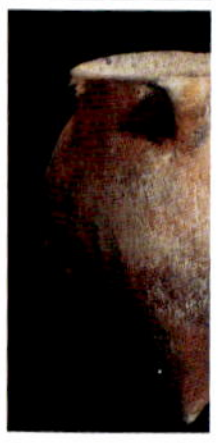

考古学資料詳細情報

149 水鳥形甂
みずどりがたはそう
| 古墳時代 | 苅田町、番塚古墳 |

鳥と器のハイブリッド
古墳に副葬された器。甂(はそう)そのものは、壺形で丸底の胴部側面に小円孔があるものです。本事例は通常の甂に鳥の意匠を接合したものであり、珍しい例。
(九州大学人文科学研究院考古学研究室所蔵)

150 青磁椀(龍泉窯系)
せいじわん(りゅうせんようけい)
| 中国・南宋時代 | 博多湾 |

中国の名窯・龍泉窯の器
中国の龍泉窯で焼かれた器。日宋貿易において珍重され、日本の玄関口である博多湾において何らかの理由で海底に沈んだものです。

151 青磁椀(龍泉窯系)
せいじわん(りゅうせんようけい)
| 中国・南宋時代 | 博多湾 |

それぞれの青を求めて
中国の龍泉窯で焼かれた器。日宋貿易において珍重され、日本の玄関口である博多湾において何らかの理由で海底に沈んだものです。

152 軒平瓦(鴻臚館式)
のきひらがわら(こうろかんしき)
| 奈良時代 | 福岡市中央区、鴻臚館跡 |

奈良時代、異邦人を出迎えた
本瓦葺で使う瓦の一つ。主に軒先に文様のある瓦当部が見えるように、軒丸瓦と交互に葺かれます。本瓦は古代の迎賓館である鴻臚館の建物に葺かれていた資料です。

153 軒丸瓦
のきまるがわら
| 奈良時代 | 福岡県上毛町、垂水廃寺 |

蓮華の瓦
本瓦葺で使う瓦の一つ。主に軒先に文様のある瓦当部が見えるように、軒平瓦と交互に葺かれます。本瓦は、帰化系氏族の氏寺跡と考えられる垂水廃寺から出土した資料です。
(九州大学人文科学研究院考古学研究室所蔵)

154 瓦経(福岡市指定文化財)
がきょう
| 平安時代後期 | 福岡市西区、飯盛山山頂 |

未来へ。平安時代より
粘土の平板に経文を施し焼き固めたもの。末法の世に教典が失われるのを恐れ、弥勒下生の未来まで地下に埋めて保存する目的で作られました。本例は製作年代(永久2年/1114年)・出土地が判る貴重な資料です。

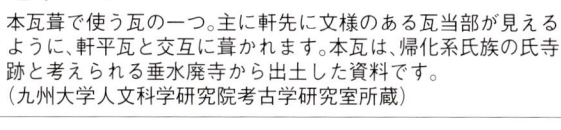

155 ガンダーラ仏頭
がんだーらぶっとう
| クシャーナ朝 | パキスタン、ガンダーラ |

お釈迦様が見てる
寺院に安置されていたと考えられる仏像の頭部のみの破片です。ガンダーラは現在のパキスタン北西部インダス川上流域で、インドの仏教美術を写したものとされています。
(九州大学人文科学研究院考古学研究室所蔵)

156 剣形祭器・中広形銅剣
けんがたさいき・なかひろがたどうけん
| 弥生時代中期 | 福岡県岡垣町、岡垣遺跡 |

雨を乞い、
儀礼用のため切れない仕様になっており刃はつぶされています。同類品の鋳型の存在から北部九州で製作されたことが判っています。(九州大学人文科学研究院考古学研究室所蔵)

157 矛形祭器・広形銅矛
ほこがたさいき・ひろがたどうほこ
| 弥生時代後期 | 福岡市西区、唐泊後浜 |

海の神に捧ぐ
儀礼用のため切れない仕様になっており刃は付けられておらず、長大な形です。博多湾・唐泊の海の底から1本のみ発見されました。海底に長期間沈んでいたため砂粒が付着しています。福岡市指定文化財。(九州大学人文科学研究院考古学研究室所蔵)

158 壺(弥生土器)
つぼ(やよいどき)
| 弥生時代前期 | 福岡市早良区、藤崎遺跡 |

実りを祈る
弥生時代の最も古手の土器の一つ。器の表面を丁寧に磨き上げています。日常用もあれば墓に副葬される儀礼用もあります。
(九州大学人文科学研究院考古学研究室所蔵)

159 子持器台(須恵器)
こもちきだい(すえき)
| 古墳時代後期 | 不詳 |

六品盛り
古墳に副葬された器。本来は安定性の悪い丸い底の器を載せる台ですが、本例は直接お椀形の坏身(つきみ)と坏蓋(つきふた)を器台に接合し作り上げたものです。
(九州大学人文科学研究院考古学研究室所蔵)

160 方格規矩四神鏡
ほうかくきく・ししんきょう
| 中国・後漢時代 | 不詳 |

古代宇宙を映す鏡
青龍・白虎・朱雀・玄武からなる四神や瑞獣・仙人などを表現した主文と、T・L・V形の規矩文と紐(ひもを通す穴の空いた半円形のつまみ)の周りを取り囲む四角の紐座を特徴とする鏡。

161 画文帯環状乳神獣鏡
がもんたい・かんじょうにゅう・しんじゅうきょう
| 古墳時代 | 不詳 |

理想郷を映す鏡
西王母・東王公などの神仙や瑞獣を浮き彫りで表現した鏡である神獣鏡の一つ。鏡は日本列島では弥生時代・古墳時代を通じて有力者の副葬品セットの一画をなします。

162 柄鏡
えかがみ
| 江戸時代 | 不詳 |

津田薩摩守と銘打って
江戸時代の国産柄鏡。写真にある文様の入っている面は裏面で、当時柄鏡の文様として流行していたおめでたい文様の1つである南天(難を転ずる)が描かれています。

工作機械詳細情報

標本No.	名　称
	名　称(英)
	製造メーカー
	製造値
	使用期間
	解説

―全体図―

No.165　No.167　No.174

旋　盤

Lathe

不詳

不詳

不詳

外丸削り、中ぐり、突切り、正面削り、ねじ切り等が可能である。
機械は、段車駆動方式のままである。

―全体図―

No.168　No.169　No.170

旋　盤

Lathe

The Sebastian Lathe Co.

U.S.A., Cincinnati, Ohi

1912.09.17 -

外丸削り、中ぐり、突切り、正面削り、ねじ切り等が可能である。
機械は、段車駆動方式のままである。
「機械記念物(工作機械)」日本機械学会発刊に掲載されている。

―全体図―

No.171　No.172　No.173

横フライス盤

Horizontal Milling machine

Brown & Sharp MFG.Co.,

U.S.A., Providence, R.I.

- 2005.06.

主軸が水平方向になっているフライス盤で、部品の溝加工および平面加工が可能である。

―全体図―

No.175　No.176　No.166

ラジアルボール盤

Radialdrilling machine

The Cincinnati Bickford Tool Co.

U.S.A., Cintinati, Ohio

1912.02.02 - 2005.06.

ドリルを用いて穴開け加工を行う。工作物が大きく穴開け位置が大きい場合、主軸が移動可能である。
「機械記念物(工作機械)」日本機械学会発刊に掲載されている。

―全体図―

No.164

平削り盤

Planer

Niles-Bement-Pond Co., Pnd Works

U.S.A., Plainfield, N.J.

1915.04.25 - 2005.06.

大形部品平面加工機械。

―全体図―

工作機械詳細情報

No.177 No.178 No.182

中ぐり盤

Boring machine

Lucas Machine Tool Co.

U.S.A., Cleveland, Ohio

1914.03.03 - 2005.06.

大型部品の大径穴の中ぐり加工を行う。主軸が水平方向になっている。

―全体図―

No.179 No.180 No.181 No.184

歯車形削り盤

Gear shaper

The Fellows Gear Shaper Co.

U.S.A., Springfield, Vermont

1921.02.10 -

ピニオンカッタまたはラックカッタを使用して創生歯切りする歯切り盤。

―全体図―

No.183 No.185 No.186

形削り盤

Shaper

Potter & Johnston Mach Co.

U.S.A., Pawtucket, R.I.

1928.09.28 -

小形部品の平面や溝の加工が可能である。

―全体図―

No.187

形削り盤

Shaper

西部電機工業株式会社

日本

- 2005.06.

小形部品の平面や溝の加工が可能である。

―全体図―

No.188 No.189

空気ハンマ

Air hammer

B. & S Messy

U.K., Manchester

1911.10.28 - 2005.06.

空気圧による鍛造を行う。
「機械記念物（工作機械）」日本機械学会発刊に掲載されている。

―全体図―

獣骨標本詳細情報 (p.107掲載)

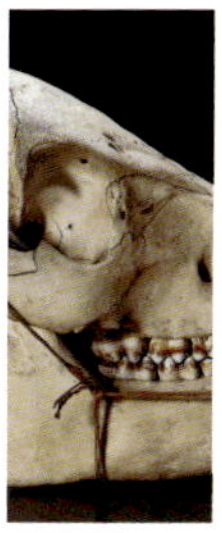

バビルサ　Babyrousa babyrussa

全長　85－110cm前後

生息地　インドネシア・スラウェシ島およびその周辺の島々

己の死を見つめる獣

イノシシの一種で絶滅危惧種。木の葉・果実・小動物を主な食料とします。雄は上下顎犬歯が非常に発達していて、上あごを突き破ってさらに伸び顔に突き刺さりそうな勢いです。幼獣や雌には牙はありません。

アンコウ　Lophiomus setigerus

全長　40cm前後

生息地　インド洋、太平洋の全域の水深500m程までの深海

餌、待ってます

背びれの棘が変形した擬餌状体で餌となる魚をおびき寄せ捕食します。特徴的な大きくやや上向きについた口はこの待ち伏せ漁法に適しています。江戸時代から「三鳥二魚」と称され、日本の五大珍味の1つに挙げられています。

ここでは箱崎キャンパスの建築物を紹介します。
　今も研究の場として学生が利用し文化的な価値があるという認識は薄いのですが、実は九州大学の箱崎キャンパスは、明治から残る重要文化財なのです。九州初の帝国大学ということで、権力・重厚さを感じさせるライオンや王冠のモチーフが取り入れられ、デザインに気合が入っていたことがよくわかります。また、キャンパス内を歩いていくと、古典的なギリシャ建築を模したものからモダン様式を取り入れた建築物が立ち並び、箱崎キャンパスはちょっとした建築博物館になっているのです。

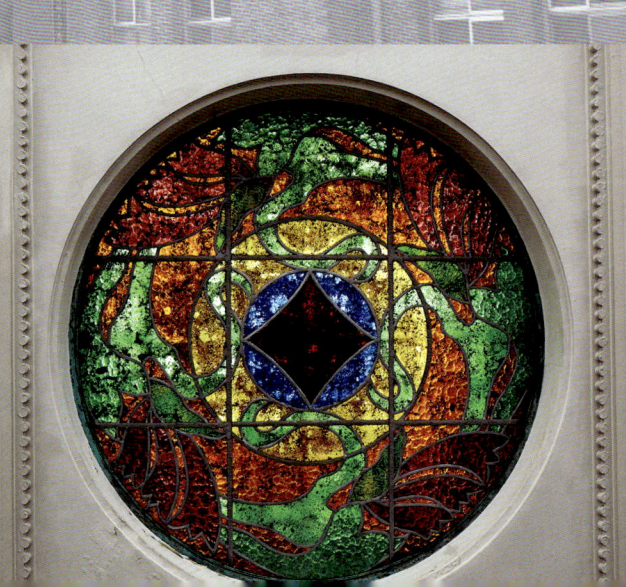

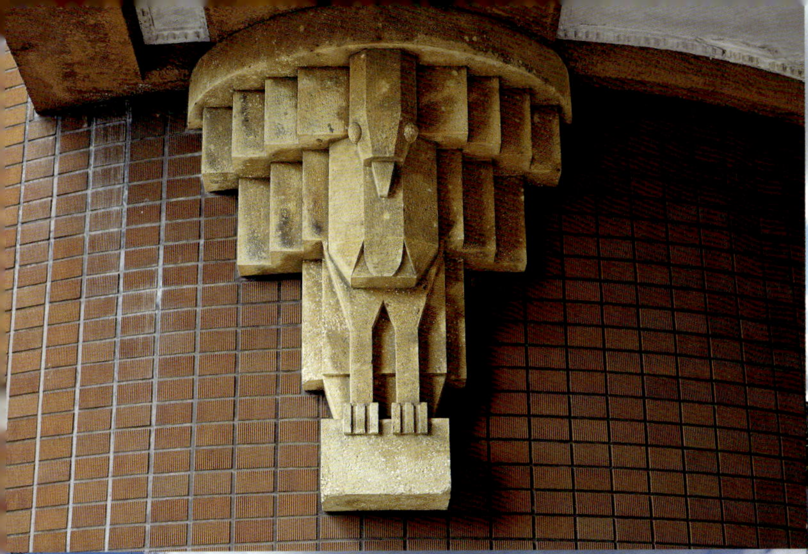

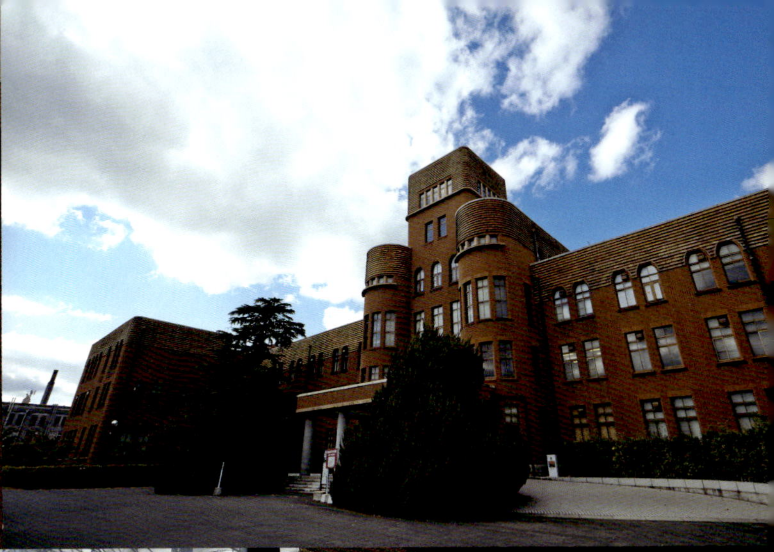

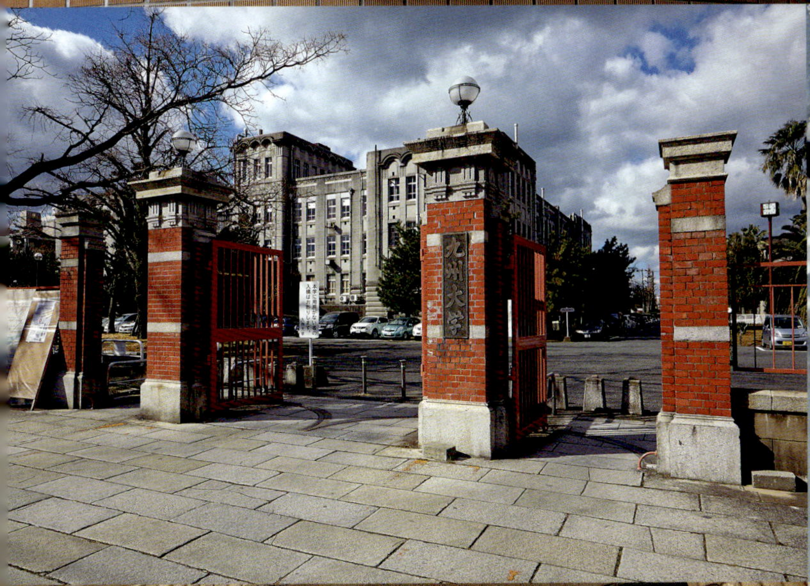
九州大学

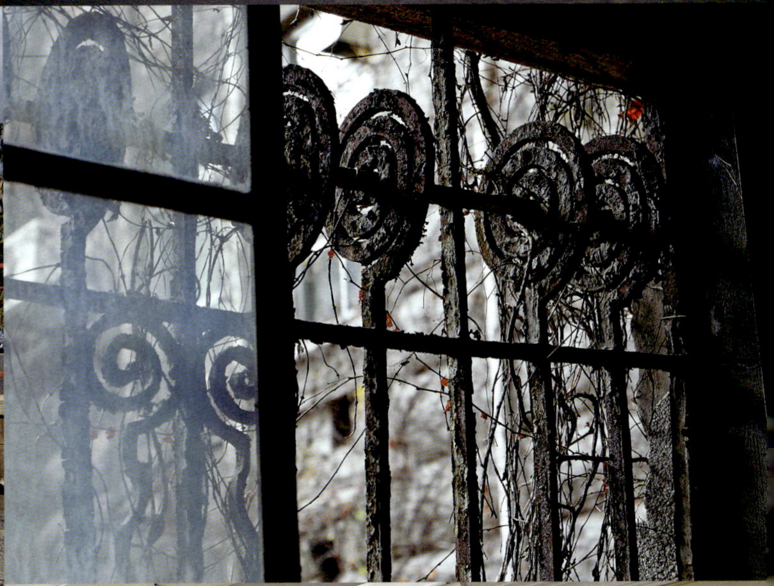

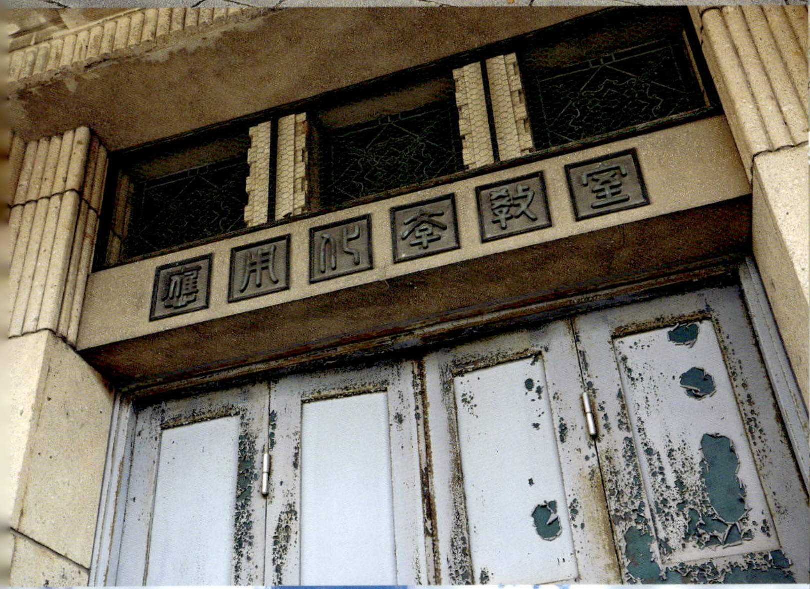

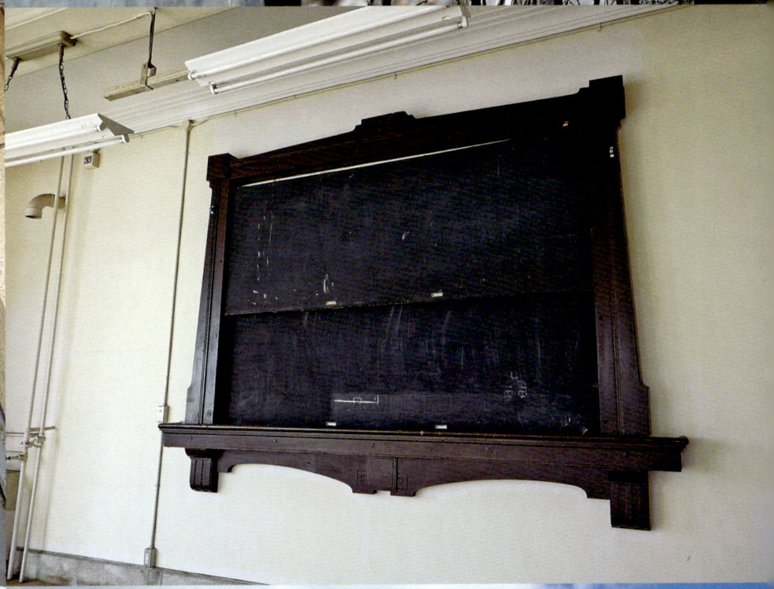

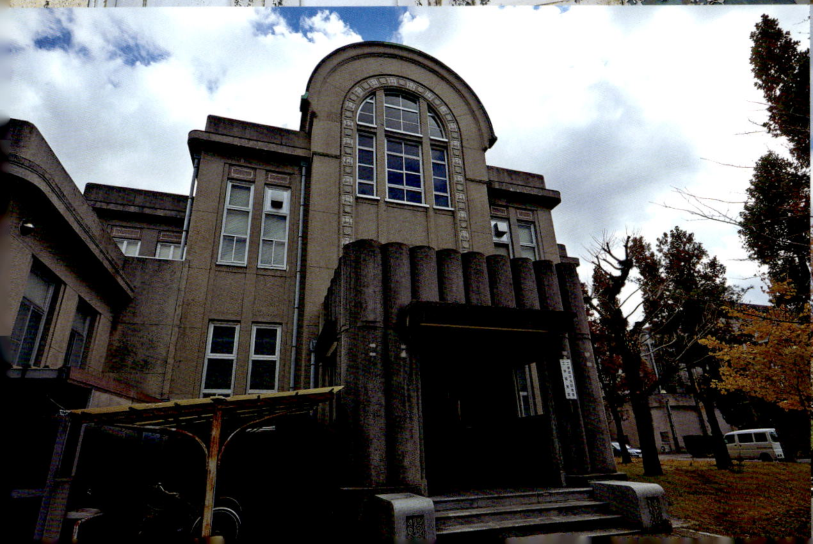

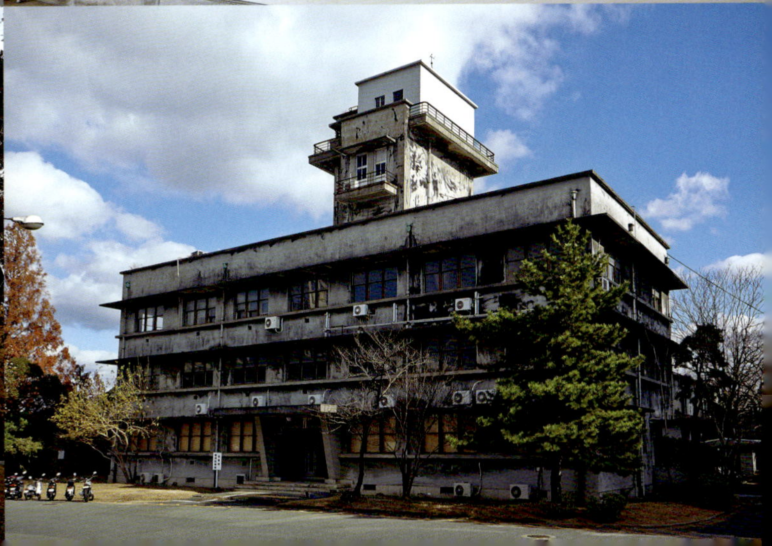

美しい科学

齋藤　俊文
SAITO Toshifumi

九州大学大学院
芸術工学研究院
准教授（広告デザイン・クリエイティブディレクション）

学術標本には人間のプリミティブな感覚を呼び覚ます不思議な魅力がある。研究者にとっての学術的意義を、専門外の人間に説明するには数多くの言葉を要する。博物館展示のキャプションが教科書的になる所以である。専門の壁は厚く難解だ。しかし幸いにも、物事を理解するには方法はひとつではない。視点を変えること、別のアングルから光を当てることで、これまで気付かなかった魅力が見えるようになる。その行為をデザインと呼ぶ。ただし小手先の技術やパターンに頼ると却って物事は見えにくくなるので、注意が必要だ。やみくもに角度を変えても意味がない。指針となるのは、あるがままの現象を具に観察する姿勢である。五感を研ぎ澄まして、学術標本にじっと対峙すること。

　写真という表現を通じて、学術情報とは異なる位相の美的価値が俄に浮かび上がってくる。写真が記録するのは、ほんの一瞬の光と陰だが、そこにはものの本質を伝える力が備わっている。学術標本を写真家が撮るという企ては東京大学や国立科学博物館でも行われてきた[1]。広告写真の第一人者上田義彦が写し出す自然のかたち、静謐な空気感。言葉で説明すると野暮になる。また、わたしが大学院生だったころ見向きもされず、埃を被って談話室の隅に放置されていた数理模型は、杉本博司が撮影する[2]と同時に、その崇高な美しさをあらわにした。杉本曰く、「芸術は芸術的野心のないものに宿るのだ」。[3]

　アートを可能にするデザインがここにある。ある表現を通じて、わたしたちが心動かされるとき、そこにアートがある。アート作品ではなく、アーティストでもなく、動きにこそ本質があるという意味で、この美的現象をアートと呼びたい。そんなアートを可能にするための有効な方法論がデザインである。より素直に動かされるために、立体や平面、あるいは空間やwebといった情報の形を整理するのがデザインである。広告デザインといえば、モノを売ったり、人々を呼び寄せたりするための行為だと見做されがちだが、それは結果にすぎない。広告表現をデザインすることは、対象の隠れた魅力、埋もれがちな本質を垣間見せることであり、時にそれは対象そのものよりも雄弁である。

　ミュージアムバスは、標本がもつ無垢な"存在の美"をあぶり出すためのデザイン広告プロジェクトである。気鋭の写真家が捉えた学術標本の美しく妖しい姿、それが広告という形式を通して、日常生活の中で人々の目に触れていくという画期的な試みが実現した。交通広告での車内ジャックは首都圏では珍しいものではないが、今回のような固有の美的世界を月替わりで作り上げた例はこれまでにない。西日本鉄道株式会社、西鉄バスの、地域に根ざした、人々に親しまれるコミュニケーションを大切にしたいという思いは、九州大学の研究者たちが収蔵してきた貴重な学術標本の持つ美的価値と相まって、多くの人々の心に響くこととなった。

　貴重な学術標本を撮影する際、ひとつひとつの学術標本についてあれこれと質問を交えながら、第一線の研究者からその場でコメントを聞き出していくプロセスは、この上なく贅沢で密度の濃い時間であった。一人の研究者をそこまで惹き付ける研究の魅力とは何なのか。話を聞くうち、その麻薬にも似た蜜の味を独り占めしている研究者が羨やましくなると同時に、快感をお裾分けしてもらえたような気もする。少々大げさではあるが、実はこの快感こそ専門領域を超えて、人々を豊かに、人生を楽しくしてくれる原動力ではないだろうか。聡明な大学院生たちによって編み出されたキャッチコピー、ポスターデザイン、Facebookにはその影響が色濃く現れている。科学は美しく、研究は快感に充ちている。

　たった1台ではあるが、だからこそ話題になる。バスの車内は一種独特の不思議な様相を呈している。乗り合わせた人々は驚くと共に、忽ちその世界に引き込まれていく。専門以外の人々が、先入観なしに見ることから生まれる好奇心、これこそわたしたちが日々追い求めているものだ。こんな知的興奮に満ちたバスが日々街を走っていると考えるだけで、心弾むのはわたしだけではないだろう。

---

1)「東京大学コレクション―写真家上田義彦のマニエリスム博物誌」（東京大学総合研究博物館 2006.11）
「縄文人展 芸術と科学の融合」（国立科学博物館 2012.4）
2)「Etant donne:Le Grand Verre」（パリ・カルティエ財団 2004.11）「観念の形」シリーズ（杉本博司・東京大学総合研究博物館共同企画）
3)「HIROSHI SUGIMOTO 日本語版図録」（森美術館 2005）

巻末付録1
九州大学総合研究博物館のご紹介

1. 九州大学総合研究博物館の沿革と体制について

　国立大学博物館のスタートは、1995年に文部省学術審議会の学術情報資料分科会において「ユニバーシティ・ミュージアムの設置について」という中間報告が纏められたことに端を発し、1996年東京大学がそれまでの総合研究資料館から、東京大学総合研究博物館に発展的改組を遂げたことを皮切りに始まった。翌年の1997年には京都大学が総合博物館に、以下1998年に東北大学総合学術博物館、1999年に北海道大学総合博物館、2000年に名古屋大学博物館と九州大学総合研究博物館、2001年に鹿児島大学総合研究博物館そして、2002年に大阪大学総合学術博物館と8つの博物館が立て続けに設立された。

　一方、九州大学は、1911年（明治44年）にまず、医学部、工学部が設置され、続いて1919年（大正8年）に農学部が設置されて以来、十余の学部となり昨年2011年には百周年を迎えている。この間に、人文、社会科学や自然科学に関する標本や資料を約750万点収蔵するに至り、これは全国でも最多級である。この広範囲に及ぶ膨大な標本と資料を保存管理し、学術情報の抽出を行い展示公開に役立てるために博物館に教員組織として研究部を設け、そこを一次資料研究系、分析技術開発系、開示研究系と三つ系に分けた。ここを専任教員の定員枠7名で運用している。また、学術標本の収集、整理、公開については、全学の教員から選ばれた専門家を兼任教員として登録し、自然史、文化史、技術史の三部門をもつ資料部を設けてそこに配置している。この他に社会人や学生を対象に野外実習を行う教育・研究支援のためのフィールドミュージアム部を設けている。また、博物館の人事や予算、研究業務などの重要事項を審議するために各部局から選出された約30名程度の教員からなる博物館運営委員会を組織して運用している。九大博物館は、2002年1月に博物館相当施設に認定され、博物館実習の開講が可能となっており、学生の学芸員資格のためにも役だっている。このようにして、まさに総合研究博物館として全学的な研究形態をとり専門領域を繋ぎ大学を超えて開かれた大学を目指している。

2. 九州大学の標本、資料と展示について

　2000年に九大博物館が設置されたものの大学移転に係わり、未だに専用の収蔵施設や展示スペースが確保されていない。よって、幾つかの部署に分けてその一部を展示している。展示には、館内での常時オープンの常設展示や、必要に応じて開放している平常展示と学内を会場としたやや専門的な内容で行う特別展示がある。また、学外では、一般の市民が活用しやすい公開展示と、サテライトを回る巡回展示などがある。他に年に2回の博物館ニュース、年1回の博物館研究報告、2年ごとの博物館年報などの発行とインターネットを活用した博物館Webサイトを立ち上げて情報公開を活発に行っている。九大の主な収蔵標本と資料について以下概略を述べる。

①昆虫標本
新種発見の際に指定される基準標本5000点など、総計400万点からなる日本最大のコレクションを所有。

昆虫標本

②植物標本
台湾・ミクロネシア・ニューギニアなどアジア－太平洋地域を中心に集めた標本など、植物研究史上重要な標本を含む。熱帯植物の金平コレクションが著名。

③動物標本
ネズミ・モグラ・コウモリなど、とくに小型の哺乳類が充実したコレクションで、剥製や液浸標本が1000点以上ある。

④岩石・鉱物標本
九州地方を中心に日本全国から採取された標本が、理学研・工学研究院を中心に10万点以上ある。東大の若林標本・和田標本と並ぶ20世紀初頭の三大標本とされる高壮吉鉱物標本(約1200点)が有名。

鉱物標本

⑤化石標本
約9万点あり、なかでも古生代のフズリナ・サンゴ、中生代・新生代の軟体動物化石は多くの模式標本3000点を含み、質・量ともに国内有数。

⑥人骨・脊椎動物骨資料
九大医学部解剖学教室の金関・永井教授の調査と収集による弥生・古墳時代を中心に縄文時代から近世に至る質、量とも日本有数の資料約3000体と、同じく医学部の旧蔵品である霊長類、哺乳類などの約200体を収蔵。

骨格標本

⑦考古学資料
九大の教官が九州各地の重要遺跡で行った学術調査の出土品が中心。旧石器時代から歴史時代まで及び、各時代・各地域の研究上の基準となる資料は万余をはるかに超える。

考古学資料

⑧中世・近世・近代資料
福岡藩（50万石）の筆頭家老の三奈木黒田家の資料を約7000点所蔵。福岡藩の史料の多くは、昭和20年の戦災で焼失しているため、貴重な江戸時代史料である。

⑨技術史関係資料
1911年に工学部設立と同時にアメリカやイギリスの最新の旋盤やフライス盤などが輸入され最近まで実習などで使用されていた工作機械類。現在、博物館第1分館の旧知能機械実習工場スペースに保存されている。

工作機械類

　これらの標本・資料は、「九州大学所蔵標本・資料」と題して、既に2005年1月に出版されている。内容を分類して系統立て「動物」、「昆虫」、「植物・海藻・生薬」、「化石」、「鉱物・岩石」、「考古遺物・古人骨・人体」、「技術史関係資料」、「記録資料」の8分門とし、コレクション名（標本名）、標本点数、管理部局、収蔵場所、標本内訳の項目を付け記載している。なお、2013年3月末には、『九州大学所蔵標本・資料集2012年度版』が発刊される。

　これらの標本展示の一例として、2011年には、機械工作機の横に動物の骨格標本を並べて空間デザインとして展示を行った。

2011年の展示の様子

巻末付録2
プロジェクトレポート

プロジェクトの経緯1
標本選定〜スタジオ撮影

撮影に使う標本は大学で専門の先生とともに見た目や話題性などを考慮して選定しました。鉱物、植物、昆虫の写真撮影は九州産業大学にある撮影スタジオで、考古学と工作機械の写真撮影は九州大学箱崎キャンパスで、それぞれ一日がかりで行われました。

撮影当日は専門の先生方にも同行していただき、一つひとつ詳しい解説をしていただきながら撮影を行います。この解説が後のコピー制作で重要になってくるので、わからないことや疑問に思ったことはどんどん質問してメモします。

撮影は標本を一点ずつスタジオの撮影台にセットして、構図を変えながら数枚ずつ撮影します。撮影した写真はその場でパソコンのディスプレイに表示され、簡易的な構図やピントチェックを行うことができます。学生メンバーは反射板や照明の調整などの撮影補助も行いました。

撮影した数百枚の写真の中から写りの良いものをカメラマンの荒巻先生の方で一旦セレクトしていただき、それをもとに撮影に使用した標本をリスト化して、コピーの制作へと移ります。

プロジェクトの経緯 2
コピー決定〜ポスター印刷

コピーの制作の準備として、撮影時に先生方から聞き込んだ解説をもとにして情報をいったん整理し、さらに文献などにより詳細な知識を増やします。それから、出来上がった写真を見ながら写真のビジュアルからは伝わらない情報や、より興味をひくようなコピーを考えます。

書き上がった沢山のコピーは後日持ち寄って会議にかけ、皆で話し合いながら写真にあったものを選びます。会議ではこれと同時に、たくさんの写真の中からポスターとして採用するものを選び、バス内での掲示順もこの時に決めます。残念ながら採用に至らなかった写真はちょっと勿体無いですが、コピーとともにここでお別れです。

コピーと採用写真が決定したら名称などの付属情報を整理してからポスターのデザインと制作を行い、博物館のプリンタ室にある大型プリンタで印刷して裁断、西鉄バスの営業所に持ち込んで張り替えを行います。バスの広告枠全部にポスターが貼られた姿はなかなかのものです。

プロジェクトの経緯 3
バス内の展示

車内は毎月テーマごとのポスターで埋め尽くされます。乗り込んだ時にぱっと目に入る位置のポスターは制作スタッフのおすすめポスターで、特徴的なものが多くなっています。例えば、鉱物ならブラックライトで光る蛍石、昆虫ならコーカサスオオカブトとヘラクレスオオカブトの二匹のカブトムシ、考古学ならガンダーラの石仏やガラス小玉など、ビジュアルのインパクトが強いものが多く選ばれました。

さて、今回のプロジェクトの特徴の一つが、綺麗な写真とともに載せられたコピーです。例え標本自体が知らないものでも、コピーを読むと興味や親しみの持てるものとして感じられたというお客様の声もいただけました。

ミュージアムバスの存在を知っていた人も知らなかった人も、大学の博物館やその所蔵品に興味を持っていただけるきっかけとなれたのではないでしょうか。また、手持ち無沙汰になりがちなバスの車内の新しい楽しみ方として楽しんでいただけたようです。

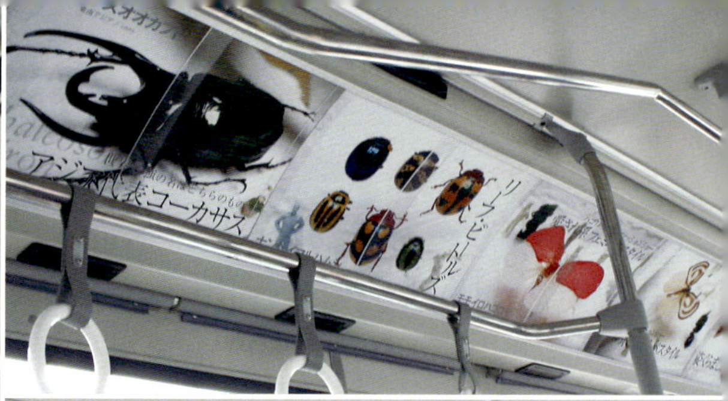

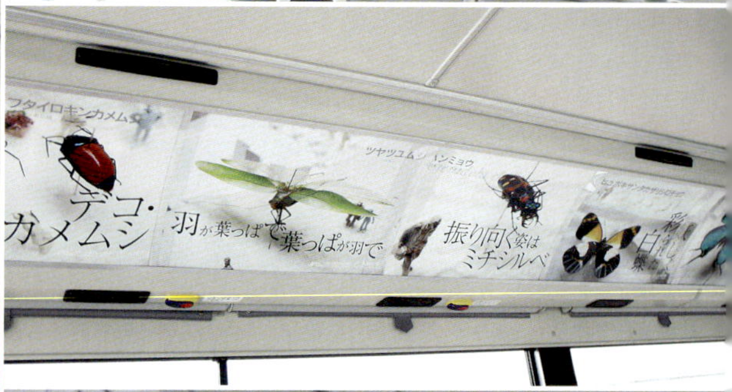
デコ・カメムシ
羽が葉っぱで葉っぱが羽で
振り向く姿はミチジルベ

振り向く姿はミチジルベ

山の珊瑚
玉髄
ニョロニョロ

見えますか?
水晶中のルチル
金紅石

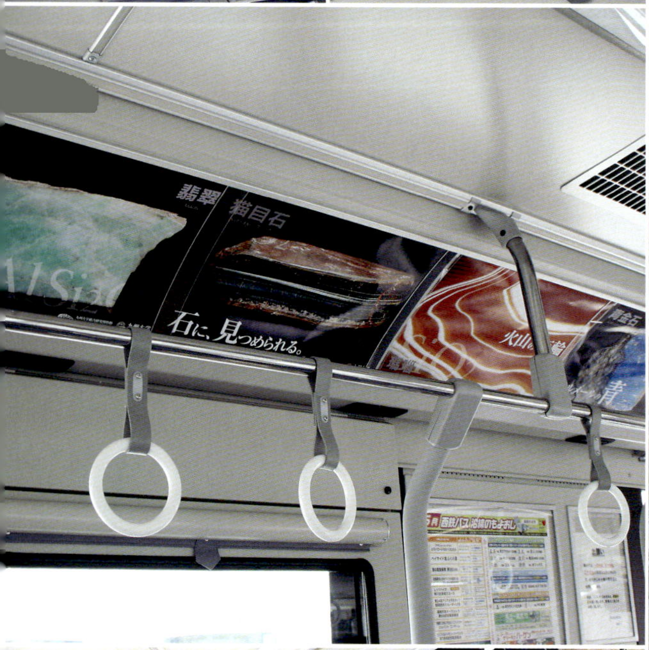
翡翠
猫目石
石に、見つめられる。

二十四面体

日本刀
コバルト華

古のカタチ
2000年前のガラス
中国の
龍泉窯の器
春秋時代
古代中国
権力の象徴
青銅鼎
九州大学
奈良時代、
異邦人を出迎えた
鳥と器のハイブリッド
軒平瓦（鴻臚館式）
B.&S.MASSEY
MANCHESTER
PATENT
技術者をつくった機械たち
機械は父か、母

九州大学ミュージアムバスプロジェクト
KYUSHU UNIVERSITY MUSEUM BUS PROJECT

－九州大学総合研究博物館×西日本鉄道株式会社西鉄バス　ミュージアムバスデザイン広告プロジェクト－

Schedule

Vol.1 鉱物標本I　　撮影・取材　2012年6月4日
　　　　　　　　　　掲出　　　　2012年6月27日　～　7月27日

Vol.2 植物標本　　　撮影・取材　2012年7月5日
　　　　　　　　　　掲出　　　　2012年7月28日　～　8月30日

Vol.3 昆虫標本I　　撮影・取材　2012年7月26日
　　　　　　　　　　掲出　　　　2012年8月31日　～　10月2日

Vol.4 鉱物標本II　　掲出　　　　2012年10月3日　～　11月15日

Vol.5 考古学資料　　撮影・取材　2012年10月3日
　　　　　　　　　　掲出　　　　2012年11月16日　～　12月21日

Vol.6 昆虫標本II　　掲出　　　　2012年12月22日　～　2月6日

Vol.7 歴史的工作機械　撮影・取材　2012年11月7日
　　　　　　　　　　掲出　　　　2013年2月7日　～　3月5日

Vol.8 箱崎キャンパスの建築探訪　撮影・取材　2012年12月5日
　　　　　　　　　　掲出　　　　2013年3月6日　～　3月25日（予定）

図録表紙・中扉　　　撮影　　　　2013年2月21日

Camera

カメラ
CANON
　EOS 5D Mark2

レンズ
CANON
　EF 17-40mm F4 L
　EF 24-70mm F2.8 L
　EF 24-105mm F4 L IS
　EF 70-200 F4 L
　EF 50mm F2.5 COMPACT-MACRO
　TS-E 90mm F2.8

ストロボ
CANON
　EX550
　EX580

Comet
　CBb-24x・CB-25

Member

統括	竹田 仰（九州大学総合研究博物館第6代館長、九州大学大学院芸術工学研究院教授）
企画・アートディレクション	齋藤 俊文（九州大学大学院芸術工学研究院准教授）
撮影	荒巻 大樹（九州産業大学芸術学部写真映像学科助手）
基本デザイン	野原 努（ID designs）
協力	西日本鉄道株式会社
九州大学総合研究博物館	竹田 仰（館長）
	岩永 省三（一次資料研究系教授、副館長）
	中牟田 義博（一次資料研究系准教授）
	前田 晴良（分析技術開発系教授）
	中西 哲也（分析技術開発系准教授）
	三島 美佐子（開示研究系准教授）
	丸山 宗利（開示研究系助教）
	舟橋 京子（開示研究系助教）
	松本 隆史（開示研究系助教）
	松崎 康司（事務室）
	福原 美恵子（事務室研究支援推進員）
鉱物学標本協力	渡邊 公一郎（九州大学大学院工学研究院教授）
植物学標本協力	九州大学大学院農学研究院
考古学資料協力	宮本 一夫（九州大学大学院人文科学研究院教授）
	辻田 淳一郎（九州大学大学院人文科学研究院准教授）
	市元 塁（九州国立博物館主任研究員）
考古学資料所蔵（一部）	九州大学大学院人文科学研究院
工作機械協力	甲木 昭彦（九州大学大学院工学研究院学術研究員　機械工学部門）
制作協力	九州産業大学芸術学部写真映像学科
撮影助手	知念 愛佑美（九州産業大学芸術学部写真映像学科）
取材、調査、コピー、デザイン、出力、掲出	九州大学大学院芸術工学府ミュージアムバスプロジェクト
	香月 麻利（大学院デザインストラテジー専攻修士課程）
	後藤 萌（大学院芸術工学専攻博士課程）
	嶋田 研人（大学院デザインストラテジー専攻修士課程）
	松岡 紗央（大学院デザインストラテジー専攻研究生）
	川畑 晴菜（大学院デザインストラテジー専攻修士課程）
	四位 有加子（大学院芸術工学専攻修士課程）
	田中 里佳（大学院デザインストラテジー専攻修士課程）
	鶴田 佳之（大学院芸術工学専攻修士課程）

九州大学ミュージアムバスプロジェクト
KYUSHU UNIVERSITY MUSEUM BUS PROJECT

－九州大学総合研究博物館×西日本鉄道株式会社西鉄バス　ミュージアムバスデザイン広告プロジェクト－

2013 年 4 月 30 日　初版発行

監　　修	九州大学総合研究博物館
編　　集	九州大学大学院芸術工学研究院
企画・編集・アートディレクション	齋藤 俊文（九州大学大学院芸術工学研究院）
撮　　影	荒巻 大樹（九州産業大学芸術学部写真映像学科）
制　　作	九州大学大学院芸術工学府ミュージアムバスプロジェクト
印 刷 所	大同印刷株式会社
発 行 者	五十川 直行
発 行 所	㈶九州大学出版会
	〒812-0053　福岡市東区箱崎7-1-146　九州大学構内
	電 話　092-641-0515（直通）
	URL　http://kup.or.jp/

ISBN978-4-7985-0100-0

©2013九州大学総合研究博物館、九州大学大学院芸術工学研究院
無断転載禁止